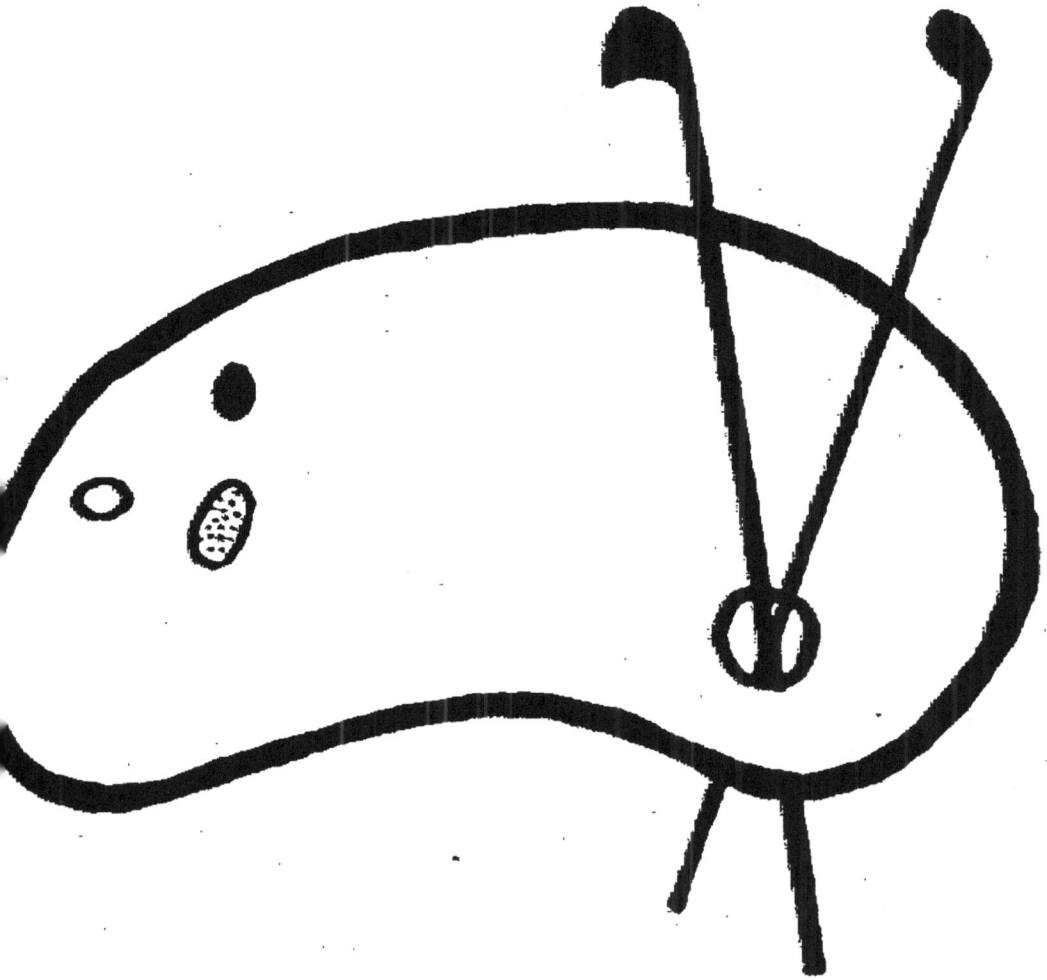

DEBUT D'UNE SERIE DE DOCUMENTS
EN COULEUR

LES SAVOYARDS

A ROME

LEURS ÉTABLISSEMENTS PIEUX

A LA FIN DU MOYEN AGE

PAR

J^H MAILLAND

DOCTEUR EN THÉOLOGIE
LICENCIÉ EN DROIT CANONIQUE

CHAMBÉRY
IMPRIMERIE BOTTERO, DRIVET & GINET SUCCESSEURS
51, Place Saint-Léger, 51

1886

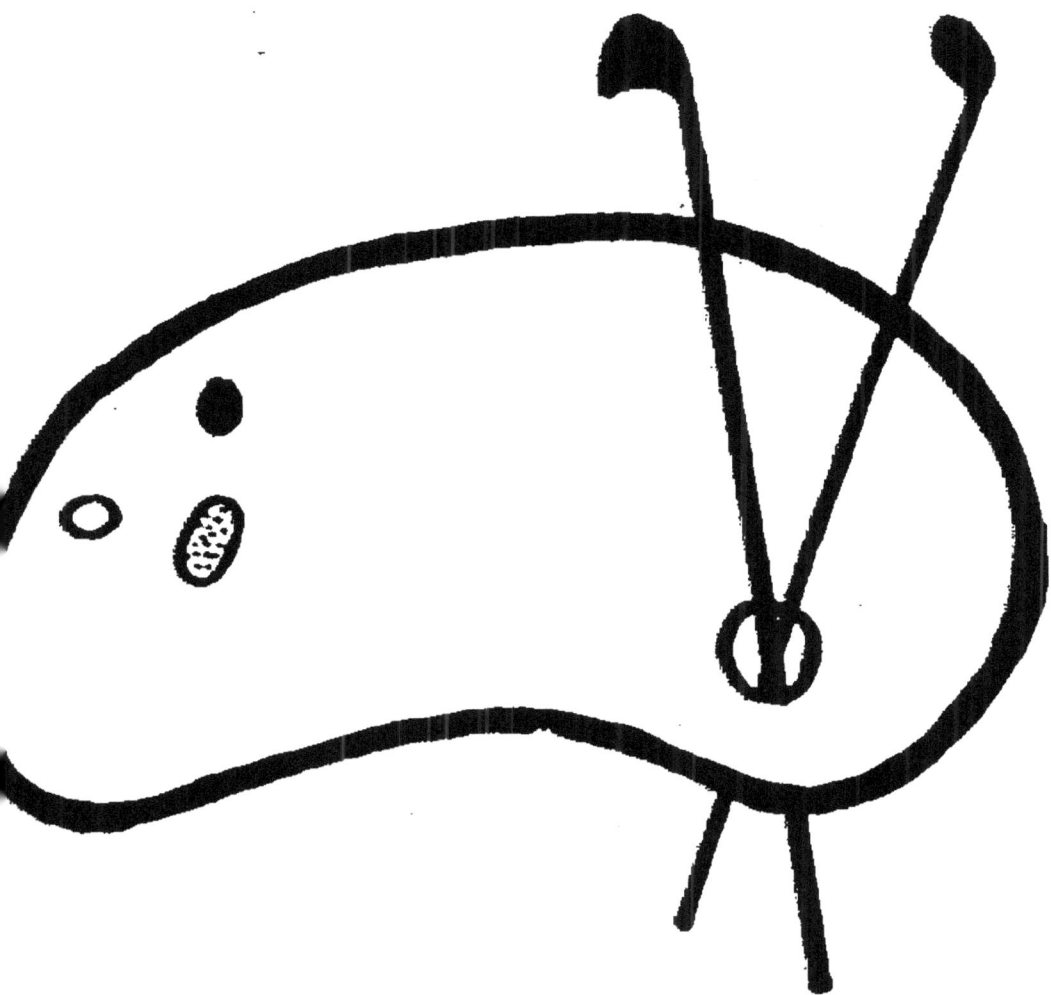

FIN D'UNE SÉRIE DE DOCUMENTS
EN COULEUR

LES SAVOYARDS

A ROME

LEURS ÉTABLISSEMENTS PIEUX

A LA FIN DU MOYEN AGE

LES SAVOYARDS

A ROME

LEURS ÉTABLISSEMENTS PIEUX

À LA FIN DU MOYEN AGE

PAR

Jⁿ MAILLAND

DOCTEUR EN THÉOLOGIE
LICENCIÉ EN DROIT CANONIQUE

CHAMBÉRY
IMPRIMERIE BOTTERO, DRIVET & GINET SUCCESSEURS
51, Place Saint-Léger, 51

—

1886

AVANT-PROPOS

Les Savoyards ont-ils, au milieu du XVᵉ siècle, coopéré à l'érection de l'église et de l'hospice de Saint-Louis-des-Français, à Rome, et, par le fait, ont-ils quelques droits sur cet établissement ? Telle est la question qui m'a été faite bien souvent, et à la solution de laquelle j'ai consacré quelques-uns de mes moments de loisir. Je dois l'avouer, la première fois que j'ai entendu formuler cette idée, j'ai souri d'un air d'incrédulité; cela me paraissait si peu vraisemblable ! La grande France avait-elle besoin de la petite Savoie pour se bâtir un hospice à Rome !

Mais, après avoir attentivement étudié ce point de notre histoire nationale au XVᵉ siècle, mes idées se sont bien modifiées, et aujourd'hui j'en suis à dire que non-seulement cela est vraisemblable, mais que c'est vrai. C'est ma conviction, que nous avons des droits sur Saint-Louis; des droits prescrits par un siècle et plus; des droits oubliés, si vous le voulez; mais des droits véritables.

La France d'alors n'était pas la France d'aujourd'hui; ce n'était pas encore le royaume de Louis XIV et de Richelieu : *le plus beau royaume après celui du Ciel*. Ce n'était pas cet État puissant et unifié, s'étendant des Alpes à l'Océan, des Pyrénées à la Belgique; c'était une agglomération de quelques provinces du centre et rien autre. La Bourgogne, la Picardie, la Normandie, la Bretagne, la Guyenne, l'Anjou, le Béarn, le Roussillon, la Provence, le Dauphiné, l'Alsace et la Lorraine n'appartenaient pas au roi de France; c'était tout autant de petits États, à peu près indépendants.

Par contre, la Savoie était alors plus étendue qu'aujourd'hui. Outre les deux départements de la Savoie et de la Haute-Savoie, elle comprenait la Suisse Romande, le pays de Gex, le Valromey, la Bresse, le Haut et le Bas-Bugey, sans parler d'une partie du Piémont. Les comtes de Savoie, favorisés par les empereurs d'Allemagne, spécialement par Sigismond qui appelait Amédée VIII le *Portier des Alpes*, étaient aussi puissants que la plupart des souverains qui possédaient la France.

De plus, la Savoie avait une grande puissance à Rome. Son influence lui était venue d'un événement à jamais déplorable et malheureux pour l'Eglise : le *grand schisme d'Occident*. Après avoir travaillé à l'extirper, nos cardinaux savoyards (1) allèrent former la cour du Pape à Rome. Ce fut une nombreuse émigration de savants et d'employés vers la capitale du monde chrétien, émigration qui continua pendant deux siècles; les uns appelant les autres.

(1) Les cardinaux de Brogny, de Chalant, Allamand et de Coazié.

L'alliance des Savoyards n'était donc pas à dédaigner, et il est à croire que les Bourguignons, les Normands, les Lorrains, etc., furent bien aises d'avoir l'appui et l'argent de nos compatriotes pour les aider à construire l'établissement pieux de Saint-Louis.

Que conclure de tout ceci ? Rien. C'est un argument préparatoire; c'est un argument de probabilité, de vraisemblance, si vous le voulez. Je déblaie le terrain pour permettre à nos Savoyards de s'unir aux Français et aux Lorrains pour la construction de leur établissement hospitalier.

Maintenant examinons les preuves sans parti pris.

Elles sont tirées en grande partie :

1º D'un mémoire dressé par Crozé, ancien chapelain de Saint-Louis, le dernier chapelain savoyard qui, rentré dans son pays, devint chanoine de la métropole de Moûtiers. Ce mémoire, dont un exemplaire a été envoyé à la cour de Turin, a été analysé et publié par Besson, en 1759.

2º D'un ouvrage publié à Rome, pour la troisième fois, en 1725, par Cecconi, intitulé *Roma Sacra antica e moderna*. Une édition précédente avait été faite par Posterla, et enfin l'ouvrage primitif avait été composé par Pancirolo. (Voir la 1re note justificative).

Le chapelain Crozé cite :

I. — L'inscription qui se trouvait sur la porte extérieure de la sacristie de l'ancien Saint-Louis : *Dicata ecclesia nationis et linguæ gallicanæ, videlicet, Lotaringorum, Sabaudorum* et *Francorum de Urbe*.

II. — Trois bulles pontificales : Celle de Sixte IV, du 4 des nones d'avril 1478, autorisant l'échange de l'ancien Saint-Louis contre Sainte-Marie *de Cellis*; échange fait entre l'administration et les Pères Bénédictins; — celle de Léon X, de l'avant-veille des ides du mois d'août 1519, concédant une partie d'une place publique pour agrandir Saint-Louis; — celle de Clément VIII, du 20 décembre 1594, organisant l'administration de l'église et de l'hospice de Saint-Louis.

Toutes ces bulles s'adressent aux *Curioles Romanam curiam sequentes, nationis et linguæ gallicanæ*. Celle de Clément VIII est plus explicite; elle nomme six Savoyards administrateurs de Saint-Louis : *sex de ducatu Sabaudiæ*. Elles n'existent pas dans les bullaires, que je sache; c'était l'usage alors de ne réunir en collection que les bulles d'intérêt général. J'ai retrouvé celle de Sixte IV tout entière aux archives de Saint-Louis, et pour preuve, je reproduis la fin qui est complètement *inédite*. Mais on ne peut avoir des doutes sur l'authenticité des autres. Beaucoup de pièces, dit Crozé, ont disparu de Saint-Louis, au moment de la lutte entre les Savoyards et les Français.

III. — Le mémoire cite le nom de quelques-uns des recteurs ou administrateurs : C'est Pierre de Lambert, de Chambéry, évêque de Caserti, *abbreviator de majori pænitentiâ*; Jean Chabau, docteur ès lois, prévôt de la collégiale d'Aiguebelle; Jean-Pierre Troillet, de Chambéry, *Sacræ Rotæ Oratorius*; Guillaume de Bosco, *Archiviæ Rotæ Scriptor*, etc.

IV. — Crozé avait consigné, dans son écrit, les noms des Savoyards qui avaient fait des dons à Saint-Louis; Besson les a eus sous les yeux; malheureusement, il ne les a pas copiés. L'exemplaire de Turin les contient tous.

V. — Pancirolo, Posterla, Cecconi, qui étaient sur les lieux et, par le fait, témoins oculaires, et qui certainement n'étaient pas intéressés dans la question, disent :

1º Qu'il y avait à Saint-Louis 26 chapelains, dont deux Savoyards, deux Lorrains et six prêtres de l'Oratoire : *Ventisei Capellani, i quali hanno le loro abitazioni contigue, essendovi compresi due Lorenesi, due Savoiardi, e sei preti dell'Oratorio.*

2º Qu'on avait construit un hospice pour les pèlerins pauvres, Français, Savoyards et Lorrains : *nell'anno 1480, fu aperto un Ospedale per i poveri pellegrini Francesi, Lorenesi e Savoiardi, che ivi si trattengono tre giorni e tre notti.*

3º Que l'administration de Saint-Louis distribue, chaque année, quantité de dots aux jeunes filles nationales, c'est-à-dire 8 pour la fête de Saint-Guillaume, de 40 écus chacune, et 24 de semblable somme, le dimanche dans l'octave de Saint-Louis : douze aux Françaises, six aux Lorraines et six aux Savoyardes. *Distribuisce ancora della Compagnia molte doti a povere zitelli nationali cioè otto di scudi quaranta l'una, per la festa di S. Gugliemo, et ventiquattro di simil somma nella domenica frà l'ottava di S. Luigi, a dodici Francesi, sei Lorenesi, e sei Savoiardi.*

VI. — J'ai vu, et tous les touristes ont pu voir, jusqu'en 1870, dans l'église de Saint-Louis, quatre pierres tombales portant une inscription terminée par ce mot : *Sabaudus*, Savoyard.

Résumons et concluons.

Plusieurs de nos compatriotes sont sépulturés dans l'église de Saint-Louis ; l'administration de cet établissement distribue chaque année six dots aux jeunes filles de Savoie ; elle reçoit les pèlerins Savoyards à l'hospice ; elle admet deux chapelains de notre pays, à titre permanent, au service de l'é-glise ; plusieurs de nos compatriotes font des dons à Saint-Louis ; plusieurs autres y sont administrateurs ; Clément VIII leur accorde six représentants dans l'administration ; Sixte IV et Léon X adressent leurs bulles aux personnes qui sont de la nation française ou qui parlent la langue française ; l'incription de la sacristie de l'ancien Saint-Louis fait mention des Savoyards comme des Français et des Lorrains. Et tout cela ne prouverait pas que nous avons des droits sur Saint-Louis ! Et tout cela serait faux ! S'il en était ainsi, ce serait à douter de l'histoire entière. Il y a un millier de faits de l'histoire ancienne et même de l'histoire du moyen âge que nous admettons comme indubitables, et qui n'ont pas la moitié des preuves que j'ai alléguées.

A moins qu'on admette que ce soit par charité que les Français ont si bien traité les Savoyards.

La charité française est grande, je le sais ; mais elle

ne va pas, elle ne peut pas aller jusque-là. Ne voyez-vous pas que cette charité deviendrait une injustice ? Ne voyez-vous pas que tout ce qu'ils ont donné, que tout ce qu'ils donnent encore aujourd'hui aux Savoyards, tourne au détriment des Français ? Que ceux-ci reçoivent d'autant moins que les administrateurs donnent plus aux Savoyards ? Des administrateurs peuvent-ils faire cela ? Pourquoi cette faveur particulière pour nos compatriotes, plutôt que pour les Suisses, les Belges ou les Allemands ?

Evidemment nous avons des droits sur Saint-Louis ; ils sont peut-être minimes ; mais ce sont des droits véritables.

Deux mots maintenant sur ce petit travail.

Tout mes renseignements sont tirés d'auteurs *connus*, avantageusement *connus* : Rohrbacher, Besson, Grillet, Petits-Bollandistes, Bertalotti, Sixte IV, Léon X, Clément VIII ; et d'autres *inconnus*, du moins dans notre pays : Pancirolo, Posterla, Cecconi, qui ont une grande autorité à Rome.

J'ai puisé largement, pour la partie biographique, dans le *dictionnaire historique de la Savoie, par Grillet*. Est-ce *textuel* ou pas *textuel ?* Je m'abstiens de prononcer. Prenez Grillet, comparez et jugez. En tout cas, c'est de bonne prise ; ce n'est pas un plagiat, je cite le nom de l'auteur.

Je me suis étendu un peu longuement sur le *cardi-*

nal de Brogny. Mon admiration pour cette belle figure savoyarde en est la cause, et un peu aussi l'appui qu'il prête à ma thèse. Je le considère, bien qu'il fût mort depuis 15 ans, comme un des bienfaiteurs de Saint-Louis, non pas immédiat et direct, mais médiat et indirect. Cet humble berger, devenu un grand seigneur et un des plus fermes soutiens de l'Eglise, laissa d'immenses largesses aux œuvres pies et à ses familiers, qui étaient nombreux, et dont quelques-uns ont dû voir la construction de Saint-Louis.

Il y a deux parties dans mon travail, mais ce sont deux parties *connexes*. En philosophie, on enseigne que pour bien analyser une chose, il faut en connaître la cause efficiente, la cause occasionnelle, la cause formelle, la cause matérielle, etc. C'est ce que nous faisons quand nous nous trouvons en face d'un monument ancien; nous ne nous contentons pas de le voir et de l'admirer; mais nous voulons savoir à quelle époque il remonte; par qui, pour qui, etc., il a été construit. C'est ce que j'ai tâché de faire dans la partie biographique et dans la monographie de Saint-Louis. Un monument ne sort pas de terre un beau jour, sans causes et sans motifs apparents.

Lisez cet opuscule, et si, après l'avoir lu, vous pouvez dire : *non nova, sed novè*, ou comme Montaigne, que c'est *un livre de bonne foy*, cela me suffit.

I

Ceux qui connaissent Rome et sa population actuelle pourront difficilement s'imaginer que les Savoyards aient senti, autrefois, le besoin d'avoir un hospice et une église nationale dans la capitale du monde chrétien. En effet, nos nationaux y sont si peu nombreux à l'heure présente ! Quelques étudiants en théologie, quelques touristes de passage, quelques ouvriers, en bien petit nombre, quelques domestiques, et c'est tout.

Mais au milieu du quinzième siècle, époque de la fondation de Saint-Louis, il n'en était pas ainsi ; nous avons tout lieu de croire que nos compatriotes étaient nombreux à Rome. Plusieurs motifs les y avaient attirés : *les pèlerinages, les dignités et les emplois dans la curie romaine, l'étude et la culture des beaux-arts, et même les grands travaux en cours d'exécution.*

A la fin du moyen âge, époque de foi vive et, quoi qu'on en dise, de pratique chrétienne aussi, un grand courant religieux s'était manifesté dans l'Europe septentrionale. On se tournait vers l'Orient, d'où nous était venu le salut avec la vraie lumière. On allait en Terre-Sainte vénérer le Saint-Sépulcre. Les vexations de tout genre qu'essuyaient nos pèlerins amenèrent les Croisades. Notre pays ne resta pas étranger à ce mouvement; les comtes de Savoie et, à leur suite, la noblesse du pays, les seigneurs d'Aix, de Chignin, de Miolans et d'autres, en bon nombre, partirent, emmenant avec eux une partie de leurs vassaux.

Ce grand courant religieux et militaire s'arrête en 1291.

Mais les pèlerinages qui avaient précédé les Croisades et leur avaient donné naissance leur survécurent, et c'est pendant les trois siècles suivants que nous les voyons briller dans tout leur éclat. L'impulsion était donnée; elle devait se faire sentir au loin et pendant longtemps encore. Il en est des peuples comme de la mer; le déplacement d'un peu d'eau cause un autre déplacement; celui-ci en amène un autre, et se fait sentir au loin. Il faut du temps pour ramener la tranquillité des ondes.

Ne pouvant plus aller au Saint-Sépulcre, retombé aux mains des infidèles, on dirigea ses pas vers les tombeaux des saints Apôtres; on alla vénérer le Représentant de Jésus-Christ sur la terre. Les grandes indulgences des jubilés imprimèrent une nouvelle vigueur aux pèlerinages. Les jubilés de 1300, de 1350, de 1475 et de 1500, spécialement,

attirèrent à Rome une immense affluence de
pèlerins.

Aux approches de l'année 1300, on vit à Rome
un fait prodigieux. Le bruit se répandit que cette
année était l'année sainte, et que quiconque visi-
terait les tombeaux des Apôtres obtiendrait la
rémission de tous ses péchés. Et on vit arriver
d'Italie, de Savoie et de France, quantité de pèlerins
désireux de gagner cette faveur; et, parmi eux,
des vieillards très âgés qui assurèrent devant le
Pape, les uns, avoir assisté au jubilé centenaire
précédent, les autres, en avoir entendu parler dans
leur famille (¹).

Le pape Boniface VIII, ignorant ce fait, fit faire
des recherches dans les archives pontificales; mais
on ne trouva rien (²). Voyant le nombre des pèlerins
augmenter de jour en jour, il consulta le Sacré-
Collège, et, pour répondre à la piété des fidèles,
il publia une bulle, annonçant le grand jubilé
pour la présente année 1300.

Cette bulle, donnée à Rome, aux calendes de
mars, l'an sixième de son pontificat, portait en
substance que, sur le rapport des anciens, il y a de
grandes indulgences et rémission de péchés accordées à ceux qui visitent la vénérable basilique du

(1) Rohrbacher, *Histoire universelle de l'Eglise.*
(2) *Idem.*

prince des Apôtres ; que Lui, représentant de Jésus-Christ sur la terre, et en vertu du pouvoir de *lier* et de *délier*, confirme et approuve toutes ces faveurs. Que tous ceux qui visiteront cette basilique, étant contrits et confessés, s'ils sont Romains, pendant trente jours, au moins une fois par jour ; s'ils sont étrangers, pendant quinze jours, obtiendront une plénière et entière rémission de leurs péchés.

Cette bulle du Pape, annonçant le jubilé pour l'année 1300, fut reçue avec une immense joie par le monde entier.

« Les Romains, les premiers, sans distinction d'âge et de sexe, visitaient la basilique de Saint-Pierre pendant le nombre de jours prescrit. Ensuite, on y vint de toute l'Italie, de Sicile, de Sardaigne, de Corse, de France, d'Espagne, d'Angleterre, d'Allemagne et de Hongrie. Non-seulement les jeunes gens et les hommes vigoureux y venaient, mais des vieillards de soixante et dix ans et des infirmes portés dans des litières. *On remarqua entre autres un Savoyard, âgé de plus de cent ans, que ses enfants portaient, et qui se souvenait d'avoir assisté à la cérémonie de l'autre centième année.* Ces circonstances sont rapportées par le cardinal Stephaneschi, qui était alors à Rome et avait part aux conseils du Pape. L'historien de Florence, Jean Villani, rend le même témoignage, et dit que la plus grande merveille qu'on eût jamais vue fut que, pendant toute l'année, il y eut continuellement à Rome *deux cent mille pèlerins*, outre le peuple romain, sans compter ceux qui étaient par les routes. » Rohrbacher.

Une inscription monumentale de Florence atteste qu'en l'année 1300 de Notre-Seigneur, les Tartares eux-mêmes vinrent à Rome pour gagner l'indulgence plénière du jubilé.

Le concours à Rome, pour le jubilé de 1350, fut plus prodigieux encore. Deux ans auparavant, un prédicateur, le plus terrible de tous, venait de la part du Ciel inviter les hommes à la pénitence ; c'était la peste. Venue successivement de l'Asie en Italie, de l'Italie en France, elle fit le tour de l'Europe. Je ne sache pas que l'histoire ait jamais enregistré, dans ses annales, un fléau semblable. Les deux tiers des hommes furent emportés par cette mortalité générale ; il y eut des villes où il ne resta que la dixième ou même la vingtième partie des habitants, et certaines provinces furent presque entièrement changées en d'affreuses solitudes (1). Tous se regardaient, dit un auteur contemporain, comme des victimes fatalement dévouées à la mort (2). Les transactions commerciales furent

(1) Rohrbacher, *Histoire universelle de l'Eglise.*
(2) Contin. Nang. Spicileg.

interrompues ; on abandonna la culture des terres et l'industrie ; le désespoir et le découragement s'étaient emparés momentanément de tous les esprits.

Chercher à apaiser le Ciel irrité contre les hommes fut chose naturelle à cette époque de foi ardente. De là prit naissance la secte des *Flagellants*. Le pape Clément VI, veillant en pasteur fidèle sur les besoins de son troupeau, comprit qu'il fallait détourner les esprits de ces pratiques superstitieuses et leur imprimer une bonne direction. On approchait de l'année sainte ; car, dès 1343, il avait réduit à cinquante ans les grandes indulgences du jubilé.

Mais il fallait en renouveler la mémoire. A cet effet, le Pape expédia, le 18 août 1349, des lettres-circulaires à tous les évêques de la chrétienté, pour leur annoncer qu'aux prochaines fêtes de la Nativité de Notre-Seigneur, on pourrait commencer à gagner les indulgences du jubilé en visitant les basiliques de Saint-Pierre, de Saint-Paul et de Saint-Jean-de-Latran.

En même temps, il écrivit aux magistrats, aux gouverneurs de province, aux seigneurs et aux princes, les priant de suspendre toutes discussions, toutes querelles, toutes animosités ; de faciliter le passage des pèlerins ; de leur donner aide et protection, afin que toute la chrétienté pût participer aux bienfaits du jubilé dans un esprit de concorde et de charité.

Cette mesure de Clément VI eut un retentissement immense dans toute l'Europe, et, malgré la peste qui sévissait encore dans quelques endroits, on accourut en foule aux tombeaux des Apôtres. De Noël à Pâques, on constata chaque jour la présence de un million à douze cent mille pèlerins ; à l'Ascension et à la Pentecôte, huit cent mille ; pendant le restant de l'année, deux cent mille (1).

Cette année 1350 fut excessivement froide ; mais rien ne pouvait arrêter l'élan et la dévotion des pèlerins. On allait à Rome en expiation, pour faire pénitence et non un voyage d'agrément. Aussi, au dire des historiens contemporains, on vit des choses admirables de foi et d'abnégation chrétienne. On ne s'inquiétait ni du froid, ni de la glace, ni de la neige, ni des souffrances corporelles, ; on marchait vers un but, on voulait l'atteindre à tout prix : l'indulgence des *grands pardons*. L'Italie était sillonnée par cette multitude de pèlerins de tout rang et de tout âge. Les hôtelleries ne pouvant donner asile à tout ce monde, on couchait en plein air, malgré les frimas ; les peuples du Nord, spécialement les Allemands et les Hongrois, plus accoutumés au froid, couchaient sur le sol serrés les uns

(1) Matth. Villani. — Raynald, 1351, n° 38.

contre les autres, autour de grands feux. Ni querelles, ni disputes le long du chemin ; on s'entr'ai-
dait, on se consolait, on s'encourageait mutuelle-
ment. L'Evangile et ses préceptes, l'Evangile et
ses conseils, voilà le code qui régissait cette multitude innombrable venue des quatre coins de
l'univers (¹). Tel est le récit que nous ont laissé les
écrivains du temps, témoins de ces grandes pérégrinations.

Notre pays, où la foi régnait aussi bien qu'ailleurs,
a dû entendre la voix du premier Pasteur de l'Eglise
et subir les conséquences de ce grand déplacement
de populations. Placée sur la route de Rome pour
la plupart des pèlerins, la Savoie a dû être sillonnée
par eux. L'histoire, que je sache, ne fait pas mention
de nos compatriotes pour ce jubilé de 1350 ; mais
il est tout naturel de conclure qu'ils suivirent
l'impulsion donnée ; d'autant plus que notre pays
venait d'être horriblement éprouvé par la peste et
par la famine. Les années 1345 et 1346 furent
désastreuses. Les pluies continuelles du printemps
et de l'automne empêchèrent d'ensemencer les
terres ou firent pourrir le blé déjà semé. Les prairies
furent inondées. L'herbage et les grains manquant,
on fut obligé de sacrifier les bestiaux ; la famine
devint générale et le prix de toutes les denrées

(1) Matth. Villani. — Raynald, 1351, n° 30.

augmenta de cent pour cent. Le quintal de blé de 36 livres, poids de marc, se vendit jusqu'à 144 francs de la monnaie de nos jours (¹).

Rien ne détache d'un pays comme la famine et la peste. D'ailleurs, le Souverain-Pontife les appelait, l'exemple des autres nations les poussait ; il est tout naturel de croire qu'ils obéirent. Mourir pour mourir : mieux vaut finir ses jours à Rome, après avoir expié ses péchés, que d'expirer à petit feu dans sa demeure désolée.

Le jubilé de l'année sainte avait été institué, par Boniface VIII, pour être gagné la première fois en 1300, comme nous l'avons dit précédemment, et ensuite, pendan' la dernière année de chaque siècle. Clément VI réduisit ce terme à 50 ans ; Urbain VI, à 33 ans.

Mais Paul II, considérant que la vie des hommes devenait toujours plus courte ; qu'elle est souvent traversée par des maladies contagieuses, par les guerres et d'autres fléaux de la colère de Dieu ; que, par le fait, peu de personnes ont le temps et les occasions de profiter de ces grâces spéciales, les accorda pour chaque vingt-cinquième année, à commencer en 1475.

Ce jubilé vit, comme tous les autres, arriver à Rome quantité de pèlerins. Mais ce qu'il eut de

---

(1) Sismondi, *rep. Ital.*

remarquable, c'est que les Souverains (¹) eux-mêmes, entraînés par l'exemple de leurs sujets, y vinrent en bon nombre. C'est Ferdinand, roi de Naples, qui vint se reconnaître humble vassal du Souverain-Pontife, et qui fut traité, par celui-ci, avec les plus grandes marques de bonté. Ce roi n'omit rien de ce qui était nécessaire pour gagner les faveurs du jubilé, parcourant Rome au milieu de la foule.

C'est le roi et la reine de Bosnie; c'est Charlotte, reine de Chypre; c'est Christiern, roi de Danemark, qui quittent leurs palais pour se rendre en humbles pèlerins aux tombeaux des Apôtres, désireux de gagner les grandes indulgences du jubilé. Alphonse, roi de Portugal, s'était déguisé pour sortir de ses Etats et faire le voyage de Rome *incognito*. Mais ses sujets s'aperçurent de son départ, le poursuivirent et le ramenèrent dans son palais, craignant qu'il ne voulût les abandonner et s'enfermer dans un couvent.

Pour le jubilé de 1500, nous voyons Philippe de Savoie, évêque de Genève, s'acheminer en pèlerin vers Rome, et, à l'exemple de saint Brunon, évêque de Toul, qui faisait chaque année ce voyage, accompagné de quatre à cinq cents personnes, nous voyons notre compatriote emmener avec lui une

(1) Raynald, 1475, n° 1.

suite très nombreuse. Pour payer les frais du
voyage, son trésorier fut obligé de prélever un
nouvel impôt; ce qui fut l'occasion de grands mur-
mures dans son diocèse (¹).

Les prophètes avaient annoncé que tous les
peuples de l'univers se réuniraient dans le Christ
et son Eglise; jamais ces oracles ne s'accomplirent
d'une manière plus frappante qu'au moyen âge. Et
cependant, que de difficultés ne fallait-il pas sur-
monter pour arriver aux tombeaux des Apôtres!

Les pèlerinages! voilà la première cause de la
création de toutes ces églises nationales, si nombreuses dans cette ville; voilà la première cause de
la fondation de l'hospice et de l'église de Saint-
Louis. Il fallait un abri à ces pèlerins appartenant
souvent à la classe pauvre de la société; il leur
fallait une église, où ils pussent entendre la langue
de leur pays.

Mais, pour bâtir un hospice et une église, il faut
de l'argent, il faut des dons. il faut des personnes
en position de les recevoir et de prendre l'initiative
de l'entreprise. C'est ce qui m'amène à parler
de nos grands hommes, dans la Ville-Eternelle.
Je ne veux pas dire que tous ceux dont je vais
parler ont fait des dons à Saint-Louis, certainement
non; mais je puis dire que tous, plus ou moins,

(1) Besson, *Mémoires.*

ont contribué à attirer nos nationaux à Rome, et à créer cette agglomération qui avait besoin d'une église.

D'ailleurs, ce n'est pas sortir du cadre que je me suis tracé, puisque je me propose d'attirer l'attention sur les *Savoyards et leurs établissements pieux à Rome.*

II

Rome a vu pendant cinq siècles des Savoyards occuper les premiers emplois de l'Eglise. Nous ne ferons guère que les citer rapidement (¹).

Nicolas II. — Gérard de Chevron fit ses études en Italie et devint archevêque de Florence. Il eut l'insigne honneur d'être choisi pour pape, au nom des Romains, par le grand cardinal Hildebrand, plus tard saint Grégoire VII, qui l'opposa à l'intrus Benoit X. Notre compatriote confirme à Robert Guiscard les duchés d'Apulie et de Calabre; celui-ci, de son côté, se rend vassal de l'Eglise romaine. Ce pape zélé, d'un esprit vif, de mœurs austères, fort *aumônier*, au dire de saint Pierre Damien, tint plusieurs conciles pour la réforme des mœurs, et mourut à Florence, en 1061, au bout de deux ans de pontificat.

(1) Voir Grillet et Besson.

14

CÉLESTIN IV. — Geoffroy, fils de Jean de Châtillon, seigneur de Chautagne et de Montluel, et de Cassandre Crivelli de Milan, sœur d'Urbain III, fut nommé par ce pape à plusieurs charges importantes, spécialement à celle de chancelier de l'église de Milan. Mais bientôt il renonça à ses emplois pour se retirer à l'abbaye d'Hautecombe, à laquelle son père avait fait don de plusieurs de ses terres en Chautagne. Grégoire IX le tira de son couvent pour le faire cardinal du titre de Saint-Marc, lui confia plusieurs missions importantes en Toscane, en Lombardie et en Allemagne, et lui prédit qu'il serait son successeur; ce qui arriva. Il fut élu en octobre 1241.

Il était de mœurs austères et savant, mais vieux et infirme ; il mourut quinze jours après son élection. Sa mort si prompte fut regardée comme une calamité pour l'Eglise, qui traversait des temps difficiles.

Il n'a rien de commun avec la famille *Castiglioni* de Milan, à laquelle quelques auteurs le font appartenir.

INNOCENT V, appelé, avant son élection au souverain pontificat, Pierre de Champagnon, de *Campagniaco*, ou Pierre de Tarentaise, naquit à Moûtiers, se rendit à Paris, en 1236, pour y continuer ses études, entra dans l'ordre de saint Dominique, fut successeur de saint Thomas d'Aquin à l'Université de cette ville. Deux fois provincial de son ordre, créé archevêque de Lyon, puis cardinal d'Ostie, par Grégoire X, il fut un des meilleurs orateurs du Concile de Lyon ; prit une large part au décret sur la procession du Saint-Esprit, et fut choisi pour prononcer le panégyrique de saint Bonaventure, mort pendant ce concile.

Ce grand Pape, que l'Eglise et l'Italie se réjouissaient de voir à leur tête, mourut subitement, le 22 juin 1276, sans pouvoir réaliser les grands projets qu'il avait formés pour le bien général de la chrétienté.

Le cardinal HUGUES DE SAINT-CHER, dont le lieu de naissance n'est pas bien connu, développa ses talents à Chambéry, qu'il adopta pour patrie, habita longtemps cette ville comme précepteur de Guillaume de Savoie, futur évêque de Valence, fils de Thomas Ier. Il se rendit ensuite à Paris, où il enseigna le droit, puis se fit dominicain en 1225, devint provincial de France, et fut créé cardinal du titre de Sainte-Sabine par Innocent IV, en 1244. Ce Pape et Alexandre IV l'employèrent dans les affaires les plus épineuses, et le chargèrent de plusieurs légations en Allemagne et en Pologne. C'était un des hommes les plus savants de cette époque. Il fit les premières *Concordances* connues de la Bible ;

cinq cents de ses religieux furent occupés à cet immense travail. Il a laissé des commentaires sur les Evangiles et plusieurs autres ouvrages qui sont très estimés.

Un ancien écrit ([1]), imprimé à Chambéry, en 1663, le fait Savoyard. Dans l'ancien couvent de Saint-Dominique, fondé par saint Vincent Ferrier à son passage à Chambéry, au dire des Petits Bollandistes, on voyait son portrait, au bas duquel se trouvaient son éloge et ce mot : *Sabaudus*, Savoyard. Autrefois, sa statue figurait, à côté de celle du cardinal de Brogny, sur une des façades de l'église de Saint-Léger, à Chambéry ([2]). Enfin, lors de l'élection de Urbain IV, à qui il donna sa voix, un poète ([3]) a fait ce distique :

Totque sacerdotes genuisse Sabaudia primum
Dicitur Hugonem qui Jacobita fuit.

LE CARDINAL ANTOINE DE CHALANT. — Né à Chambéry, d'une illustre famille habitant cette ville, mais originaire du Val-d'Aoste, il se rendit à la Cour papale d'Avignon, où Clément VII (de Savoie) aimait à attirer les Savoyards, ses compatriotes, fut fait archevêque de Tarentaise en 1404. Benoit XIII

(1) Appareils pour les fêtes de Chambéry.
(2) Grillet, *Dictionnaire historique*.
(3) Théodoric de Val-Calora.

(de Lune) chercha à l'attacher à son parti, en lui
prodiguant les dignités, le créa cardinal du titre de
Sainte-Marie in *Via-lata*; mais, animé du désir de
procurer l'union de l'Eglise e. .l'éteindre le schisme,
il l'abandonna en 1409, adhéra au concile de Pise
et vota pour Alexandre V, et plus tard pour Jean
XXIII. Ce dernier lui conféra le titre de Sainte-
Cécile et le fit régent de la Chambre Apostolique.
Après avoir rempli différentes missions auprès des
souverains, il assista au concile de Constance, vota
pour Martin V et mourut dans son palais, près de
Rome, en 1418. On lui attribue plusieurs ouvrages.

JEAN FRACZON, CARDINAL DE BROGNY. — Ce cardinal est bien certainement un des hommes les plus
remarquables de la Savoie. Elevé dans le schisme,
qui lui prodigue toutes ses faveurs, il met toute
son ardeur de Savoyard, toute sa belle intelligence,
tout son grand cœur, toute sa fortune à faire dispa-
raitre cette lèpre qui souillait l'épouse de Jésus-
Christ depuis quarante ans. De petit pâtre de
Brogny, devenu prince de l'Eglise, il fut le conseiller et le soutien de trois papes : Alexandre V,
Jean XXIII et Martin V; le conseiller de l'empereur
Sigismond; le soutien du roi de Sicile; l'ami du
comte de Savoie et du duc de Bourgogne, qu'il fit
ses exécuteurs testamentaires, en disant, dans son

testament, qu'il les a aimés de tout son cœur :
quos dilexi cordialiter.

Serait-il téméraire d'ajouter que, dans ses nombreuses entrevues avec l'empereur Sigismond, qui
l'avait en haute estime, il prépara l'esprit de ce
souverain à ériger la Savoie en duché ? C'est
possible. Mais ce qu'il y a de certain, c'est que ce
fut à son retour du concile de Constance que
Sigismond, passant à Chambéry, accomplit cet acte,
qui donna à la Maison de Savoie la prépondérance
sur tous les seigneurs du voisinage (1416).

La convocation et la réussite du concile de Constance, qui mit fin au schisme, fut en grande partie
son œuvre. Agé de soixante-dix ans, il se rend,
malgré les intempéries et les difficultés du voyage,
auprès de l'empereur Sigismond, pour se concerter
avec lui et lever les obstacles qui retardaient cette
assemblée. Son oraison funèbre dit qu'il eut, jour
et nuit, des conférences avec l'empereur, avec les
princes, avec les prélats, pour les amener à ses
fins, c'est-à-dire à la renonciation ou la déposition
de Jean XXIII, Grégoire XII et Benoît XIII, et à
l'élection d'un nouveau pape. On comprend la difficulté que devait rencontrer ce projet, alors que le
monde chrétien s'était divisé en trois parts, et que
chacune soutenait son prétendant avec ardeur.

Grâce à sa modération unie à ses grands talents,
grâce à l'appui que lui prêtèrent nos deux compa-

triotes, les cardinaux de Chalant et de Conzié, celui-ci patriarche de Constantinople, Martin V fut élu, et le cardinal de Brogny eut l'honneur et la joie de le couronner pape à la fin du concile, en 1417.

Né de parents pauvres, en 1342, à Brogny, village près d'Annecy, Jean Fraczon passa une partie de son enfance à garder les troupeaux avec les enfants de l'endroit. Un religieux, ayant remarqué sa physionomie spirituelle et son intelligence précoce, l'emmena avec lui à Genève, où il apprit la grammaire et la philosophie ; de là il se rendit à Avignon pour y étudier la jurisprudence.

Il devint si fort dans cette science que l'on venait de toute part pour le consulter. Clément VII (de Savoie), émerveillé de ses connaissances, se l'attacha, le fit précepteur de son neveu, le créa cardinal du titre de Sainte-Anastasie en 1385, le pourvut de l'évêché de Viviers, puis quelque temps après de l'archevêché d'Arles.

Benoît XIII (de Lune) le nomma évêque d'Ostie et de Velletri, vice-chancelier de l'Eglise, et chercha à le retenir dans son parti. Mais le cardinal de Brogny, gémissant des maux que le schisme causait à l'Eglise et voyant Benoît résister à toutes ses supplications, à toutes les instances qu'il faisait pour le ramener au bien, passa en Italie avec dix autres cardinaux, pour favoriser la convocation du concile de Pise, vota pour Alexandre V, et, dans la suite, pour Jean XXIII.

Le grand rôle qu'il remplit dans l'Eglise pendant un demi-siècle, semble être peu remarqué des historiens français. Ne serait-ce point parce qu'il est connu dans l'histoire tantôt sous le nom de cardinal de Viviers, tantôt sous celui de cardinal d'Ostie, tantôt sous celui de cardinal de Brogny? Rohrbacher, dans son histoire de l'Eglise, semble, sous ces diverses appellations, en faire trois personnages différents.

Serait-ce parce que, élevé dans le schisme, il en a été comblé de dignités et que, par le fait, et en n'examinant pas profondément les choses, on aurait motif de suspecter son orthodoxie? C'est possible. Mais si on se reporte à cette époque de troubles et de divisions, si on se rend bien compte de l'état du monde chrétien à ce moment-là, on s'aperçoit que la vérité n'était pas facile à reconnaitre. En adhérant aux papes d'Avignon, il était en bonne société d'ailleurs; il avait avec lui saint Vincent Ferrier, l'homme le plus étonnant de son siècle, le thaumaturge qui semait les miracles sous ses pas (¹). *Errare humanum est, perseverare diabolicum est.*

(1) Le bienheureux Louis Bertrand dit qu'il en a fait plus de soixante mille. Huit mille furent allégués pour sa canonisation. — *Petits Bollandistes.*

Une chose qu'on pourrait encore reprocher à notre illustre compatriote, c'est d'avoir été l'administrateur temporel de plus de quarante bénéfices : archevêchés, évêchés, abbayes et prieurés, chose souverainement réprouvée par l'Eglise de nos jours. Mais il faut remarquer qu'il vivait au XVe siècle, époque de la féodalité ; que la société n'était pas constituée alors comme aujourd'hui ; que, à cette féodalité civile et militaire, il fallait un contre-poids : la féodalité ecclésiastique ; et que l'Eglise autorisait ce cumul. On n'était respecté, à cette époque, qu'autant qu'on était riche et puissant.

Quel bien n'a-t-il pas fait avec les ressources dont il disposait ? Il aide le Pape à racheter une partie de ses Etats, il aide le roi de Sicile à récupérer une partie des siens ; il fonde le collége de Saint-Nicolas, à Avignon, pour les Savoyards, et plusieurs autres établissements pour l'instruction ; il fait réparer à ses frais la basilique de Saint-Pierre à Rome ; il fait bâtir des églises à Genève, à Viviers et en Savoie ; il crée des chapitres et des prieurés en différents endroits ; il montre à l'égard des pauvres la plus tendre sollicitude jointe à la plus grande générosité. Quelle impulsion vers le bien, vers l'union au Pape, vers l'instruction, n'a-t-il pas donnée à Rome, en France et en Savoie !

Au milieu de toutes ces grandes sollicitudes pour le bien, nous le voyons d'une intégrité de mœurs

exemplaire, d'une humilité parfaite ; il se fait représenter sur les murs de la chapelle des Maccha-
bées, à Genève, sous la figure d'un jeune berger
qui fait paître un *porcelet.*

Il mourut à Rome, en son palais de Saint-
Silvestre, le 13 février 1426, âgé de 84 ans.

ALLAMAND DE SAINT-JOIRE, cardinal du titre de
Sainte-Cécile, connu dans l'histoire sous le nom de
Bienheureux Louis, né en 1390, fils de Jean
Allamand de Saint-Joire et de Marie de Châtillon-de-
Michailles. Il fut d'abord chanoine-comte de Lyon,
prieur de Contamines-sur-Arves, ensuite abbé de
Tournus, évêque de Magdelone et transféré à
l'archevêché d'Arles, en 1424.

Conseiller intime et premier ministre de
Louis III, roi de Naples et de Sicile, il fut créé
cardinal par Martin V et nommé vice-camerlingue
de l'Eglise Romaine par Eugène IV. Il assista au
concile de Bâle, sacra Amédée VIII évêque et le
couronna pape, le 24 juillet 1440.

Cependant Nicolas V, ayant été reconnu par
presque toute l'Europe pour légitime successeur
de saint Pierre, le cardinal Allamand, qui avait
des vues droites, n'hésita pas à travailler à
l'extinction du schisme. Il fut un des premiers
à conseiller à Félix V d'abdiquer ; ce que celui-ci
ne tarda pas de faire, avec d'autant plus d'empres-

sement qu'il n'avait accepté la tiare qu'à contre-
cœur.

Nicolas V, qui connaissait l'éminente piété et
la droiture des intentions du cardinal Allamand,
lui confirma ses dignités et ses bénéfices. Notre
compatriote se distingua par son zèle pour la disci-
pline ecclésiastique et pour le rétablissement des
bonnes études.

Il revint mourir dans son diocèse d'Arles, en 1450,
et fut béatifié par Clément VII (Médicis), le 9 avril
1527. On lui érigea une chapelle dans l'abbaye
de Hautecombe, et sa fête fut célébrée dans plusieurs églises de la Savoie.

Pierre de Lambert, de Chambéry, se rendit à
Rome pour y achever ses études avec ses deux
frères, dont l'un devint évêque de Nice et l'autre
évêque de Maurienne. Le pape Clément VII
(Médicis), instruit de son grand mérite et de ses
vastes connaissances, le nomma premier abrévia-
teur de la Daterie apostolique, référendaire des
deux signatures, préfet de la Rote. Il remplit
toutes ces charges avec distinction et fut, en
même temps, recteur et administrateur de l'hospice
et de l'église de Saint-Louis. Le pape Clément VII
l'avait en haute estime et le nomma, en 1533, à
l'évêché de Caserte, au royaume de Naples; Paul III,
son successeur, le pourvut de la plébainie de la

Roche, qui fut érigée en insigne collégiale en 1535.
Ses richesses furent employées en établissements
utiles à l'Eglise, à sa patrie et aux pauvres. Il
mourut à Rome, en 1541, et fut sépulturé dans la
basilique de Sainte-Marie-Majeure, où on lui érigea
un magnifique mausolée.

PHILIPPE DE LA CHAMBRE-SEYSSEL, cardinal du
titre de Saint-Martin-des-Monts, était évêque de
Belley et de Boulogne, chancelier de l'ordre de
l'Annonciade, lorsque le pape Clément VII (Médicis)
vint à Marseille pour conférer avec François 1er.
Ce fut pendant son séjour dans cette ville, que le
Pape, instruit des grandes qualités de notre compatriote, le créa cardinal du titre de Saint-Martin-
des-Monts. Nommé pour présider les Etats-Géné-
raux, réunis à Chambéry en 1529, il se distingua
par son zèle pour les saintes doctrines ; il obtint,
de cette assemblée, qu'elle édictât les peines
les plus sévères contre ceux qui cherchaient
à introduire chez nous les écrits et les doctrines
de Luther. C'est probablement à ces sages mesures
que la plus grande partie de la Savoie dut d'avoir
échappé à ce terrible fléau. Il se distingua à la
cour romaine par sa haute intelligence et par sa
prudence dans le maniement des affaires. Paul III
et Jules III avaient en lui la plus grande confiance, justifiée par les services qu'il leur rendit.

Philippe de la Chambre mourut à Rome en 1550, évêque de Frascati, et fut sépulturé à Saint-Martin-des-Monts.

FRANÇOIS DE BACHOD, originaire de Varey en Bugey, qui appartenait alors à la Savoie, fut créé comte Palatin par Charles-Quint, avant qu'il eut embrassé l'état ecclésiastique. Il est à croire qu'il resta quelque temps au service de cet empereur en même temps que notre illustre compatriote, Eustache Chappuis, d'Annecy, l'homme le plus éloquent de cette époque.

François de Bachod, abbé d'Ambronay, se rendit à Rome sous le pontificat de Clément VII, devint camérier principal et commensal habituel de Paul III. En 1556, il fut pourvu de l'évêché de Genève ; il assista au concile de Trente, sous Pie IV, et fut nonce de deux Papes auprès d'Emmanuel-Philibert, duc de Savoie ; l'emploi de Dataire, office plus important alors que de nos jours, puisqu'il était chargé de la collation des bénéfices, lui fut confié sous sept Papes : de Clément VII à Pie V. Il mourut à Turin, regretté de tous, en 1568, âgé de 67 ans. Le président Favre, faisant son éloge, dit qu'il était : *vir magnus.... ob singularem tractandarum rerum peritiam cum insigni probitate conjunctam, variis legationibus a sancta sede honestatus.....*

Il avait une grande influence à la cour pontificale. Son épitaphe l'appelle Savoyard.

REGARD GALLOIS (Gallesius), originaire de Clermont (Haute-Savoie), célèbre canoniste, camérier
de Paul IV, fût nommé par ce pape évêque de
Bagneray, dans le royaume de Naples. Il avait de
plus divers bénéfices en Savoie : l'abbaye d'Entre-
mont, les prieurés de Saint-Victor et de Saint-
Jean, à Genève. Il jouissait à Rome d'une haute
considération due à ses grands talents et à ses
vastes connaissances. Chanoine d'Annecy, il y
revint finir ses jours en 1582. C'est lui qui fit bâtir
le magnifique château de Clermont qu'habitait encore, il y a peu de temps, la famille Regard de
Vars. Les MM. Regard de Villeneuve, qui habitent
Chambéry actuellement, sont une autre branche de
cette même famille.

JEAN-PIERRE TROILLET, de Chambéry, orateur
de la Sainte-Rote, était recteur et administrateur
de l'hospice et de l'église de Saint-Louis en 1518.
C'était probablement le frère de Jean-François
Troillet, de Chambéry, que nous trouvons doyen
de la collégiale d'Aix, à la même époque.

PIERRE CHEVRIER, de Rumilly, fut le meilleur
orateur de Rome, sous le pontificat d'Innocent

VIII, qui occupa le Saint-Siège de 1484 à 1492. Notre compatriote fit imprimer à Rome, en 1480, c'est-à-dire peu de temps après l'invention de l'imprimerie : 1° *Oratio ad summum pontificem*; 2° *Epistolæ ad varios.*

HYACINTHE-SIGISMOND GERDIL, cardinal du titre de Sainte-Cécile, né à Samoëns, en 1718.

C'est le dernier de nos compatriotes que nous trouvons à la cour de Rome ; mais incontestablement c'est un de ceux qui illustrèrent le plus notre pays. Le jeune Gerdil commença ses études à Bonneville et à Thonon, les continua à Annecy où il entra chez les Barnabites, et, à l'âge de seize ans, il se rendit à Bologne pour étudier la théologie.

Le savant cardinal Lambertini, alors archevêque de Bologne, qui devint plus tard l'immortel Benoit XIV, charmé de trouver dans ce jeune barnabite, une connaissance parfaite des langues latine, italienne et française, une grande justesse d'esprit jointe à une vaste érudition, l'appelait souvent auprès de lui, l'associait à ses promenades et utilisait son savoir pour ses propres écrits.

Quelle belle carrière que celle d'Hyacinthe Gerdil ! professeur de philosophie à Casal, puis bientôt après à l'Université de Turin, professeur de théologie, provincial des collèges de Savoie et de Piémont, précepteur du petit-fils de Charles-Emmanuel III, il se fit admirer dans toutes ces charges par son savoir et sa modestie.

Clément XIV, dans le consistoire du 26 avril 1773, le créa cardinal *in petto* et le désigna par ces mots : *notus orbi et vix notus Urbi*. Pie VI l'appela à Rome, le sacra évêque de Dibon et le publia cardinal du titre de Sainte-Cécile, dans le consistoire du 18 décembre 1778. Notre compatriote, versé dans la connaissance du grec et des langues orientales, devint le protecteur des Maronites, membre du Saint-Office et de presque toutes les congrégations, préfet de la Propagande. Toutes les principales Académies de l'Europe se firent un honneur de le recevoir dans leur sein, et il était en relation avec tous les grands savants de l'époque.

Il assista au conclave tenu à Venise, en 1800, pour la nomination du successeur de Pie VI. Au dire des écrivains contemporains, les cardinaux jetèrent les yeux sur lui, et, au premier tour de scrutin, il eut la majorité des voix ; mais l'Autriche, qui craignait de voir un français monter sur le trône pontifical, usa de son droit d'exclusion, et il fut écarté.

Le cardinal Gerdil a laissé 44 ouvrages écrits en latin, en italien et en français, sur toutes les matières les plus ardues : la théologie, l'histoire naturelle et la législation. Il mourut à Rome, le

12 août 1802, âgé de 84 ans, laissant sur la terre
le parfum des plus admirables vertus que l'on
peut résumer en ces quelques mots : savant modeste
et saint religieux.

III

Nous venons de constater que les pèlerinages et
les emplois attirèrent nos compatriotes à Rome. Il
me reste à établir que les beaux-arts et le travail
manuel furent une autre cause de cette émigration
vers la capitale du monde chrétien. Mais avant de
faire connaître ces *artistes* en tout genre, je tiens
à présenter un de nos compatriotes qui s'illustra à
Rome par ses poésies latines, c'est de PINGON
JEAN-MICHEL.

Il appartenait à cette illustre famille de Pingon,
qui produisit une douzaine d'hommes remarquables,
que nous trouvons à la tête de tous les emplois, à
cette époque. Jean-Michel naquit à Chambéry, en

1451. Son goût le porta de bonne heure vers la poésie, et il y excella plus qu'aucun de ses contemporains. Il se fit surtout connaître par une pièce de vers à l'occasion du mariage de Philibert-le-Beau avec Marguerite d'Autriche.

S'étant rendu à Rome, il y fut accueilli avec de grands honneurs. Comme le Tasse, il fut, en grande pompe, couronné poète au Capitole et décoré du titre de citoyen romain. Les papes Innocent VIII, Alexandre VI et Pie III avaient pour lui la plus grande estime. Il mourut à Rome, en 1505.

PIERRE-PHILIBERT D'ONCIEUX DE DOUVRES appartenait à cette noble famille de Savoie qui, depuis le treizième siècle, ne cesse de donner des grands hommes à notre pays ; il était fils du président François d'Oncieux et de Marie-Marguerite de Roncas. Son goût le portait vers la peinture. Dédaignant ce qui faisait alors la fortune et la célébrité, la *robe* et l'*épée*, il se livra à son art favori. Il passa de longues années à Rome pour y étudier la peinture, et fit plusieurs tableaux estimés. On dit que quelques-uns existent encore au château de la Bâthie. Il mourut en 1748.

JEAN-FRANÇOIS BÉRENGIER, de Chambéry, annonça de bonne heure de grandes dispositions pour la peinture. Pierre-Philibert d'Oncieux l'encouragea, cultiva ses talents, l'emmena avec lui à Rome, où, pendant de longues années, ils étudièrent ensemble les chefs-d'œuvre des grands maitres. Il travailla pour la cour d'Espagne et celle de Parme. Il séjourna quelque temps dans cette dernière ville. Mais, comme tout bon Savoyard, il désirait revoir ses foyers. Il termina sa carrière à Chambéry, où ses compatriotes ne cessèrent d'admirer ses talents et ses vertus.

GIROD-LAMBERT, né à Sallanches, en 1724, étudia pendant douze ans la peinture à Florence et à Rome. Il se rendit ensuite à Paris, où son art lui valut la célébrité et la fortune.

JACQUES BERGER, né à Chambéry, en 1755, avait de grandes dispositions pour la peinture. La famille Costa de Beauregard, qui n'a cessé de protéger les beaux-arts, le patronna, et, grâce à sa générosité, il put se livrer tout entier à son talent naturel. A vingt-cinq ans, il se rendit à Turin pour étudier sous la direction du premier peintre de la cour ; de là, à Rome, où il fixa son séjour en 1776. Ses tableaux eurent un grand succès dans cette ville et dans toute l'Italie. Il eut le premier prix au concours universel de Milan, en 1806. Le programme l'appelle : *Il celebre professore Giacomo Berger di*

Ciamberi; il fait ressortir dans ses tableaux le mérite de l'invention, la délicatesse du style, la noblesse de l'expression et le fini de l'exécution. Il a beaucoup travaillé pour les seigneurs anglais et italiens.

JEAN VOLGÉ, originaire de la Savoie, eut à Rome la réputation d'un habile sculpteur; il obtint en cette qualité, au Capitole, le premier prix en 1708 et 1709. Le secrétaire de l'Académie de Saint-Luc en parle avec éloge dans ses mémoires.

Tels sont les principaux personnages que l'histoire nous donne comme ayant fait honneur à la Savoie dans la Ville-Eternelle. Ce ne sont pas les seuls, certainement; mais ce sont les principaux ; c'est la tête de la colonie savoisienne (1).

Dans une sphère plus humble, nous trouvons plusieurs de nos compatriotes. On est étonné, dit un savant italien (2), du nombre prodigieux d'ingénieurs, architectes, peintres, sculpteurs, musiciens, fondeurs, orfèvres, appartenant à la région subalpine, qui se trouvaient à Rome pendant les XVe, XVIe et XVIIe siècles. Voici quelques noms de la Savoie :

(1) Grillet, *Dictionnaire historique.*
(2) Bertalotti, *artisti subalpini.*

HENRI DE OZIACO, dit SAVOIA, gardien des vivres et des citernes du fort Saint-Ange, 1545 ;

JEAN et MARC, de Savoie, ingénieurs militaires au fort Saint-Ange, sous Paul III, 1556 ;

GEORGES EXCOFFIER, fils de Pierre, peintre, 1614 ;

AIMÉ FALCOZ, fils de feu Pierre, peintre, 1616 ;

JEAN ANTOINE, peintre, 1625 ;

ALEXANDRE ARBAUD, peintre, 1625 ;

FRANÇOIS BORTIER, peintre, 1658 ;

Et quantité d'autres.

A cette catégorie, il faut rattacher ces nomades semi-ouvriers, semi-touristes, semi-pèlerins, assez nombreux en Italie, qui s'en vont, sans souci du lendemain, parcourir la péninsule à pied, visiter les monuments, les sanctuaires et les musées, ne s'arrêtant dans une ville et n'y travaillant que suffisamment pour gagner de quoi atteindre la ville prochaine, et finissant presque tous par s'y fixer.

J'ai connu un de ces Savoyards, menuisier de son état, qui avait parcouru ainsi toutes les villes principales de l'Italie, et parlait de toutes avec intelligence et bon sens. Il était des environs d'Albertville, de Queige, si je ne me trompe. Il avait fini par se fixer à Rome. Dans ces longues pérégrinations, qui avaient duré vingt ans, il avait rencontré quantité d'ouvriers de nos montagnes que le désir de voir avait entraînés comme lui.

Et comme je m'étonnais de cette existence précaire, il me répondit par ces vers du grand chansonnier de notre époque (Béranger) :

> Voir, c'est avoir. Allons courir !
> Vie errante
> Est chose enivrante !
> Voir, c'est avoir. Allons courir !
> Car tout voir, c'est tout conquérir !

Il était content et heureux dans la modeste condition qu'il occupait ; son bonheur était de se souvenir.

On comprend que, à un moment donné, un hospice n'était pas de trop pour lui et ses collègues.

IV

Ce que nous venons de voir dans les chapitres
précédents, nous fait comprendre les motifs pour
lesquels nos compatriotes ont songé à construire
un hospice et une église nationale à Rome, au milieu
du XVᵉ siècle. Plusieurs d'entre eux y étaient
fixés par leurs emplois et s'y étaient en quelque
sorte acclimatés. Mais les pèlerins, qui arri-
vaient sans cesse et en grand nombre, ne con-
naissaient pas la langue du pays. Voyageant pour
ainsi dire sans ressources, vivant de la charité
publique, tombant souvent malades des fatigues d'un
voyage sous un climat qui n'était pas le leur, ils
étaient plus ou moins à leur charge. Nos nationaux
sentirent le besoin d'avoir une maison, ou mieux,
un hospice qui put les recevoir, et où l'on pourrait
les soigner. L'idée d'avoir un hospice a dû pré-
céder; l'idée d'une église nationale en est la conséquence.

N'ayant pas assez de ressources pour arriver à

cette fin tout seuls, ils s'unissent aux autres nations voisines qui parlaient la même langue et qui étaient dans les mêmes conditions. Tous ensemble, Français, Savoyards et Lorrains, se cotisent, réunissent quelques sommes, et finissent par solliciter du Saint-Père la permission de construire un hospice et une église. Cette permission leur fut accordée, en 1441, par le pape Eugène IV.

Ne pouvant faire grand, on fera petit; ne pouvant faire beau, on fera modeste; et on placera ces constructions dans le quartier le plus pauvre, et où l'emplacement sera moins cher. On y installera deux chapelains de chaque nation : deux Français, deux Savoyards et deux Lorrains, pour soigner et administrer les malades. Ce qui fut fait. Et ils construisirent dans la région qui se trouve derrière Saint-André *della Valle,* la partie de Rome la plus mal bâtie, la plus pauvre et en même temps la plus inaccessible. La construction de l'église et de l'hospice fut achevée en 1464.

Sur la porte extérieure de la sacristie, on avait gravé cette inscription : *Romana Beatæ Mariæ ac SS. Dionisio et Ludovico, dicata ecclesia Nationis et Linguæ Gallicanæ, videlicet Lotaringorum, Sabaudorum et Francorum de Urbe.* (Église romaine, dédiée à la Bienheureuse Marie, à S. Denis et à S. Louis, par les habitants de Rome appartenant à la nation française ou parlant la langue française, c'est-à-dire les Lorrains, les Savoyards et les Français.)

Tel fut le modeste début des établissements de Saint-Louis, riches aujourd'hui de cinq à six millions. Mais ce serait se faire illusion de croire que les souverains de ces diverses nationalités aient été pour quelque chose dans cette première construction. En effet, si nous jetons un coup d'œil dans l'histoire, nous voyons qu'ils avaient d'autres soucis en 1441.

Le royaume de France n'existait pour ainsi dire pas à cette époque. Charles VII, entouré d'une poignée de soldats, sans ressources, fuyant devant les Anglais triomphants qui possédaient les trois quarts du pays, se réfugiant au centre de la France, et pour cela dérisoirement appelé *roi de Bourges* par ses ennemis, n'était guère à même d'envoyer de l'argent à Rome pour y bâtir un hospice.

Le *bon roi René* n'était pas dans de meilleures conditions. Duc de Lorraine par son mariage avec la princesse Anne; bientôt après héritier de l'Anjou, de la Provence et du royaume de Naples; obligé de recourir à tout le monde pour soutenir ses droits sur ces Etats qu'on lui contestait, il ne pouvait guère s'occuper de cette minime chose que quelques-uns de ses sujets entreprenaient à Rome.

Le duc Louis de Savoie régnait ; mais au lieu de

commander, il obéissait. Anne de Chypre lui avait
apporté en dot des royaumes, ou, pour mieux dire,
des semblants de royaumes ; mais pas d'argent. Sa
cour, livrée à toutes les ambitions, à toutes les
intrigues des Cypriotes, était un foyer de désordres.
Traitant la Savoie en pays conquis, la reine et ses
compatriotes épuisaient les finances en fêtes, en
divertissements, et ne cherchaient qu'une chose,
c'était de pressurer et d'écraser les seigneurs du
pays. On ne peut guère conjecturer que le duc
Louis s'occupât de ce que ses sujets faisaient à
Rome.

En tout cas, il n'en reste pas de traces, et ceci
s'applique aux deux autres souverains. Toutes les
recherches faites dans les archives de Saint-Louis
et ailleurs n'ont donné aucun résultat à cet égard.

De plus, dans tous les actes, dans la demande
au Saint-Père, dans l'acte d'échange avec les Bénédictins, dans la concession de terrain faite par Léon
X, il n'est nulle part fait mention des souverains.
Les contractants sont appelés *rectores, curiales
nationis* et *linguæ gallicanæ.*

Ce fut donc une œuvre privée, due à l'initiative
et à la générosité de nos nationaux résidants à
Rome. Deux de nos cardinaux savoyards étaient
morts depuis peu : le cardinal de Chalant depuis
vingt-deux ans, le cardinal de Brogny depuis quinze

ans. L'un et l'autre avaient une nombreuse maison, et il n'est pas téméraire, je crois, de penser qu'ils avaient emmené avec eux, à Rome, beaucoup de leurs compatriotes, et que l'élément savoyard dominait autour d'eux. Ils ont dû, l'un et l'autre, assurer l'existence de tout ce monde et faire de grandes aumônes aux pauvres. Pour ce qui regarde le cardinal de Brogny, nous avons deux documents, son testament et son oraison funèbre, prononcée le jour de sa sépulture, devant la cour pontificale, par l'orateur apostolique François Blanchi de Vellate, qui fixent nos idées à cet égard.

Dans ce testament vraiment princier, fait en 1423, en vertu d'une autorisation accordée quelques années auparavant par le pape Jean XXIII, le cardinal de Brogny fait des largesses immenses aux couvents, aux églises et aux pauvres de la Savoie, de Genève et de Rome, et à ceux qui composaient sa maison : son confesseur, ses camériers, son barbier et tous ses serviteurs.

Dans son oraison funèbre, l'orateur dit : *Hic postremo, ut pius et misericors, ut clemens et benignus, quantos in nutriendis et refocillandis Christi pauperibus (singulis enim diebus, triginta numero prandium dedit), sumptus fecerit nemo est qui ignoret. Quantas eleemosynas pro maritandis virginibus, pro sustentandis pauperibus, viduis...*

erogaverit, neque verbis, neque calamo satis expli-care possem !

Un autre cardinal savoyard occupait les pre-mières dignités de la cour romaine, à cette époque, c'est-à-dire en 1441; c'est le bienheureux Louis Allamand, archevêque d'Arles, cardinal du titre de Sainte-Cécile, créé vice-camerlingue et légat de Bologne par Eugène IV, et confirmé dans toutes ses dignités par Nicolas V.

Nous avons entre les mains, ce me semble, tous les éléments pour expliquer l'action de la Savoie dans l'entreprise de la construction de l'hospice et de la chapelle de Saint-Louis : il y a protecteurs riches et puissants, il y a protégés pauvres et pèlerins. Je ne sache pas que les Savoyards, le long des siècles, aient jamais été aussi influents dans la capitale du monde chrétien qu'à cette époque. Ils traitent de pair avec les Français et les Lorrains, et chacun, dans l'entreprise projetée, y sera pour un tiers.

Quatorze ans ne s'étaient pas écoulés depuis cette première construction, lorsqu'on commença à s'a-percevoir qu'elle n'était pas suffisante pour les besoins de la colonie. Que faire? Agrandir ces mêmes bâtiments? Mais ils étaient mal placés : *in arcto, angusto et inepto loco sita erant,* dit la bulle du pape Sixte IV. On avait de la répugnance à faire de nouvelles dépenses pour agrandir la chapelle et

l'hospice dans un local si mal situé : *ad ampliandam capellam et hospitale ejusmodi..... Christi
fidelium voluntas et devotio tepescebant et plurimum
retrahebantur.* On chercha ailleurs.

Les Bénédictins avaient plusieurs chapelles et
d'autres immeubles situés près du palais du Cardinal-Vicaire et de la place des Lombards. On s'abou-
cha avec eux et on convint d'un échange. Ces religieux céderont l'hôpital de Saint-Jacques, la chapelle de Sainte-Marie *de Cellis* et celle du Saint-
Sauveur *in Thermis Lombardorum,* avec toutes les
dépendances constituant le prieuré ('), et en retour
on leur donnera l'hôpital, la chapelle et tous les immeubles appartenant à la congrégation, situés derrière Saint-André *della Valle.*

Le pape Sixte IV, par bulle du 4 des nones d'avril

(1) La Chiesa di S. Luigi fu edificata dove già fu quella di
Santa-Maria ed un priorato de' padri Benedettini spettante
all'Abbazzia di Farfa unito con l'altra Chiesa del S. S. Salvatore
e con l'Ospedale di S. Giacomo detto delle Therme. (Pancirolo,
Roma Sacra.)

Cette abbaye de Farfa avait été fondée par un savoyard, le
bienheureux Thomas, né en Maurienne, au septième siècle. De
retour de Terre-Sainte où il resta trois ans, il vint se fixer dans
les montagnes de la Sabine, à sept lieues de Rome. Il rebâtit
une chapelle dédiée à la Sainte-Vierge, qui tombait en ruines ; il
construisit auprès un monastère qui devint très florissant et qui
eut jusqu'à six cents églises sous sa dépendance. Notre compatriote y mourut en odeur de sainteté le 10 décembre 715.

(GRILLET. Acta. PP. Benedict.)

1478, non-seulement approuve cet échange (¹), mais de plus, et en vue des constructions projetées d'une belle église et d'un vaste hospice, il anéantit tous les anciens titres et fondations, et érige une nouvelle paroisse sous le vocable de Sainte-Marie, de Saint-Denis et de Saint-Louis (²).

Le Pape crée cette paroisse en faveur de tous nos nationaux résidants à Rome, leur faisant à tous, bien que placés dans les divers quartiers de la ville, et à leurs femmes, même de nationalité étrangère, l'obligation d'y remplir leurs devoirs religieux et d'y assister au saint sacrifice. Et cela nonobstant tous les privilèges et lettres accordées antérieurement (³).

(1) Nell'anno 1478 adunque, la nazione Francese fece una permuta delle dette Chiese con quella che possedeva nella contrada *della Valle*, approvato il tutto dal pontefice. Sisto IV.

(Pancirolo, *Roma sacra*.)

(2) *Et prioratum et dignitatum nomina et titulos nec non ordines si qui fuissent inibi ab antiquo instituti, supprimentes pariter et extinguentes... ac illam duntaxat in sæcularem cum cura animarum ecclesiam, sub ejusdem Beatæ Mariæ. S. S. Dionisii et Ludovici invocatione nominandam, instituentes et pariter erigentes, permutationem et excambium confirmamus et approbamus.....*

(3) *Quod omnes ecclesiasticæ personæ quacumque dignitate fungantur et etiam laici cujuscumque status, conditionis et artificii existant dictæ nationis, utriusque sexus personæ Romanam curiam sequentes pro tempore etiamsi conjugatorum uxores alienæ nationis existant..... Sint et eæ censeantur parrochiani dictæ ecclesiæ de Cellis ac S. S. Dionisii*

Cette bulle eut une grande influence sur l'avenir des établissements de Saint-Louis ; elle groupait ensemble, bon gré mal gré, toutes ces nationalités diverses, et dirigeait toutes les volontés vers une installation convenable pour une paroisse de Rome.

On songea dès lors à démolir pour rebâtir. La chapelle de Sainte-Marie *de Cellis* et toutes les dépendances seront sacrifiées, et, à la place, on édifiera une belle église et un vaste hospice. Mais on conservera l'église du Saint-Sauveur, petit sanctuaire sans apparence, enchâssé dans les bâtiments du palais Madame, un des plus anciens de Rome. Cette chapelle avait été bâtie sur les thermes de Néron et consacrée par saint Silvestre, du temps de l'empereur Constantin. Saint Grégoire-le-Grand l'avait enrichie de nombreuses reliques. C'est un des sanctuaires les plus fréquentés de Rome, à l'heure présente.

Ces travaux furent commencés en 1518. Mais l'architecte Jacques della Porta, trouvant que l'emplacement n'était pas assez vaste, conseilla à nos nationaux de s'adresser au Souverain-Pontife et de lui demander une parcelle de la place qui se trouvait

et Ludovici..... Et ad illam pro sacramentis recipiendis et audiendis divinis, diebus festivis et aliis, accedere sub pœna inobedientiæ teneantur.....

au-devant et qu'on appelle aujourd'hui place Saint-Louis.

Léon X accueillit favorablement la demande, fit examiner la chose par les maîtres et inspecteurs des rues et des chemins, et par acte de la veille des ides du mois d'août 1519, consentit à ce qu'on demandait (1).

De plus, pour montrer l'intérêt qu'il portait à cette entreprise, il députa son cousin, le cardinal de Médicis, pour la pose de la première pierre ; il accorda vingt ducats par mois, pour tout le temps qu'on travaillerait à cette construction, et des indulgences à ceux qui, par des dons, contribueraient à cette bonne œuvre.

Mais comme on voulait faire grand et beau, les ressources dont on disposait furent bientôt épuisées. La Congrégation vendit alors plusieurs maisons qui lui appartenaient, en loua d'autres pour longtemps, exigeant le prix du loyer par anticipation, et consacra toutes ces sommes à achever son entreprise. Cela ne suffisant pas encore, les Français, les Savoyards et les Lorrains se cotisèrent de

(1) *Cum sicut nobis innotuit, dilecti filii universitatis curialium nationis et linguæ gallicanæ..... pie ducti ecclesiam B. Mariæ vetustam, arctam, minus capacem ampliare, et ex fundamentis de novo construere..... intendant ; et, pro illa debitè construendæ, certa pars plateæ..... duntaxat per magistros stratarum dictæ urbis, eis fuerit designata, nos, etc.....*

nouveau et firent de grands sacrifices pour cette œuvre qui leur tenait au cœur.

Enfin l'église fut achevée en 1580 ; on avait mis 62 ans à la construire. C'est un beau monument d'architecture, style *renaissance*. La façade, formée de gros blocs de travertin, est grandiose. Elle est ornée des statues de sainte Clotilde, de sainte Bathilde, de saint Louis et de Charlemagne, sculptées au siècle dernier par Lestage. Au-dessus de la porte principale, des fleurs de lis, armes de la France monarchique ; à gauche et à droite, une salamandre au milieu des flammes qui s'élèvent autour d'elle, ce sont les armes de François 1er.

On pourrait arguer de ces armes que ce roi est le fondateur de l'église de Saint-Louis ; il n'en est rien. Il a pu faire quelques dons pour sa construction ; mais rien de plus. François 1er était en vogue à Rome à ce moment-là. Il venait, depuis peu, de remporter la victoire de Marignan, qui lui donnait le Milanais et, par le fait, une grande prépondérance en Italie. De plus, il venait d'abolir la *Pragmatique-Sanction,* odieuse à la cour de Rome, et de la remplacer par un concordat, conclu avec Léon X, à Bologne, le 3 des ides de décembre 1515 (¹).

Tous ces faits l'avaient rendu extrêmement po-

(1) Besson, *Mémoires, ad calcem,* chapit. IV.

pulaire à Rome. La congrégation de Saint-Louis ayant reçu de ce monarque quelques dons pour son église, et d'ailleurs les Français se trouvant en majorité bien qu'intéressés pour un tiers seulement dans cette entreprise, permit volontiers que l'on sculptât ses armes sur la façade de l'église. C'était de plus faire plaisir au Souverain-Pontife Léon X, le grand bienfaiteur de Saint-Louis, qui tenait à être au mieux avec le monarque français.

Les bâtiments autour de l'église, qui devaient servir d'hospice (¹) aux pèlerins, furent construits peu à peu, à mesure que les ressources arrivèrent. La partie nord, qui regarde la demeure du cardinal-vicaire et qu'on appelle le *palais de Saint-Louis*, doit être plus récente ; car c'est la plus belle et la plus grandiose ; il a fallu avoir beaucoup d'argent pour bâtir ainsi d'une manière princière. C'est par des acquisitions et des constructions successives que l'on arriva à élever ce grand pâté de maisons, connu à Rome sous le nom d'*Isola de' Francesi*, compris entre la place Saint-Louis, la place Madame, le palais du cardinal-vicaire et le palais des Finances.

(1) Fu aperto poi dalla medesima nazione, un ospedale per i poveri pellegrini Francesi, Lorenesi e Savoiardi, che ivi si trattengono tre giorni e tre notti, dandosi a ciascuno qualche elemosina.   (Panciaolo, *Roma sacra.*)

V

L'administration du nouvel établissement et le service de l'église paroissiale restèrent sur le même pied que pour l'ancien : un tiers des administrateurs et des chapelains pour la France, un tiers pour la Savoie, un tiers pour la Lorraine (¹). Mais cela ne dura pas longtemps. Nous allons suivre pas à pas les progrès de l'influence française, tandis que celle de la Savoie restait stationnaire.

Le grand nombre de Français, de Savoyards et de Lorrains qui se rendaient à Rome en pèlerinage ou pour leurs affaires particulières, et qui presque toujours demandaient asile à Saint-Louis, mirent nos nationaux dans l'impossibilité de soutenir tous ces frais. Ils s'adressèrent au pape Jules III, qui de concert avec Henri II, roi de France, leur accorda un ducat pour cent sur la taxe des bénéfices de la nation française en cour de Rome.

(1) Bessor, *Mémoires, au calcem,* chapit. VII.

Mais cela ne suffisant pas pour toutes les dépenses qu'ils étaient obligés de faire, et qui grandissaient de jour en jour, ils s'adressèrent de nouveau à Grégoire XIII. Ce pape, avec l'agrément d'Henri III, leur accorda un nouveau ducat, ainsi qu'il est rapporté dans une bulle de Sixte V, son successeur.

Il est à remarquer que la générosité des rois de France n'était pas grande, puisque cet argent était destiné à la Chambre Apostolique. C'étaient les papes qui concédaient de ce qui leur revenait. Les rois n'intervenaient que pour donner force de loi à ces actes de générosité pontificale.

Catherine de Médicis (¹), peu après la mort de Henri II, son époux, fonda pour le repos de son âme un service solennel qui devait s'acquitter annuellement, le 6 des ides de juillet, et deux messes basses chaque jour, ainsi qu'il conste par les diptyques de Saint-Louis. Ces charges s'acquittent encore aujourd'hui. Cette reine, pour arriver à parfaire la somme nécessaire pour cela, économisa pendant longtemps 400 écus sur ses dépenses annuelles. Cet argent, transmis à la Congrégation, fut employé en partie à la construction de l'église,

(1) Catherine, fille de Laurent II de Médicis, avait une prédilection pour l'église de Saint-Louis; elle avait habité longtemps auprès. C'est elle qui fit bâtir, sur les dessins de Paul Marucelli, ce magnifique palais qui existe encore aujourd'hui et qu'on appelle *palais Madame* ou *des Finances.*

en partie à l'achat des maisons qui existent encore auprès de Saint-Louis.

La Bretagne avait été réunie à la couronne de France par le mariage de la duchesse Anne avec Charles VIII, en 1491, et plus tard avec Louis XII, en 1499. Les Bretons qui avaient fondé à Rome, à l'instar des autres nations, un hospice et une église, sous le nom de Saint-Ives ([1]), pour leurs nationaux, se voyant dans l'impossibilité de suffire à toutes les dépenses occasionnées par les pèlerins, et constatant que leurs bâtiments s'en allaient en ruines, demandèrent instamment à être incorporés à Saint-Louis. Le roi Henri III en fit la demande au Souverain-Pontife. Grégoire XIII acquiesça aux désirs du roi, annula tous les titres de l'église de Saint-Ives et l'incorpora à Saint-Louis. Cette église très ancienne avait été accordée aux Bretons par le pape Calliste III, sur les instances réitérées du cardinal Alan Taillebourg, et érigée en paroisse pour les nationaux.

Elle n'avait que 435 écus de revenu, pour l'entretien d'un curé, de quatre chapelains, de quelques domestiques et des pèlerins Bretons qui se rendaient

(1) Presso la Scrofa si trova questo antica parrochia della nazione francese di Bretagna. Fu conceduta dal pontifice Calisto III a detta nazione, mediante le continue istanze del cardinale Alano. (PANCIROLO, *Roma sacra.*)

4

à Rome. Son incorporation fut donc une charge pour
la Congrégation ; de plus, ce fut une source de
dissensions entre les membres des diverses nationalités qui la composaient. L'équilibre fut rompu.

Jusque-là, chaque nation avait des droits égaux,
bien que la France, grâce aux dons et aux conces-
sions dont je viens de parler, eût fait le plus gros
apport dans la société. Le nombre des chapelains,
qui était d'abord de six, fut porté à dix-huit quand
on se vit un peu plus à l'aise ; mais toujours dans la
proportion d'un tiers par chaque nation : six Français, six Savoyards et six Lorrains.

Après l'adjonction de l'église de Saint-Ives, il y
eut deux Français de plus ; ce qui nuisit à la bonne
harmonie qui existait dans la communauté. Grégoire
XV y adjoignit plus tard six oratoriens, ce qui porta
le nombre des chapelains à vingt-six (1). L'influence
française grandit de plus en plus, et finira par pré-
dominer complètement.

La dédicace de la magnifique église de Saint-
Louis ne se fit que le 8 octobre 1599, bien qu'elle
fût achevée depuis 1580. Dès l'année suivante,
commencent les querelles et les dissensions entre
les recteurs ou administrateurs.

(1) Besson, *Mémoires, ad calcem*, chapit. VII. — E sei preti
dell'Oratorio di Francia, i quali, dall'anno 1623 vi furono introdotti da Monsig. Spondè. vescovo di Pamiers.

(Pancirolo, *Roma sacra*.)

Bon nombre de Français, de Savoyards et de Lorrains, qui n'avaient pris aucune part à ces constructions, voulurent s'immiscer dans l'administration. Ils prétendaient que, comme par le passé, tout le monde pouvait assister aux délibérations, que tous devaient être consultés et posséder voix décisive. C'était le suffrage universel en germe. Les assemblées étaient tumultueuses et l'on ne parvenait pas à s'entendre, l'un voulant une chose, l'autre en voulant une autre.

Les anciens administrateurs qui avaient présidé aux travaux, les hommes graves et sensés des trois nations cherchaient à porter remède au mal. Ils tinrent, le 17 février 1581, une assemblée à laquelle assistait M. d'Albain, ministre de France, et ils finirent par convenir qu'il fallait faire élire, par tout le monde, un certain nombre d'hommes respectables, d'une probité reconnue, qui seuls auraient droit d'administrer les biens de Saint-Louis, et seuls auraient voix délibérative. Ce point fut admis sans résistance. Mais restait une question grosse d'orages : le nombre des administrateurs pour chaque nation. Le ministre de France et ses compatriotes en voulaient la moitié pour eux, se basant sur les grands dons faits par leurs nationaux et sur l'annexion de Saint-Yves. Les Savoyards et les Lorrains résistèrent et prétendirent que, comme par le passé, chaque nation devait avoir un tiers

des administrateurs. On se sépara sans rien conclure.

Mais comme la confusion augmentait, et que la
congrégation se voyait à la veille de sa ruine, on
convint d'une assemblée générale et solennelle à
Saint-Louis, pour le 5 mars de la même année
1581.

Tous les principaux personnages des trois nations y assistaient. Après bien des pourparlers,
après beaucoup de discussions, on finit par reconnaitre que la France avait plus d'intérêt et par le
fait avait droit à un plus grand nombre d'administrateurs. Les bases posées par l'ambassadeur français furent admises, et on élut immédiatement
douze Français, six Savoyards et six Lorrains,
qui seuls, désormais, prendraient part aux délibé-
bérations et administreraient les biens de l'église
et de l'hôpital.

Mais tout le monde ne fut pas content ; il y eut
bien des réclamations de la part des Savoyards et
des Lorrains, et pendant treize ans on ne vit que
désordre et confusion. Que faire ? On recourut au
Pape, le véritable souverain de Saint-Louis. C'était
Clément VIII qui occupait alors la chaire de Saint-
Pierre.

Ce Pape publia, le 20 décembre 1594, troisième
année de son pontificat, une bulle qui mit fin à
toutes ces dissensions, par les censures et les

peines dont il menaçait les rebelles. Cette bulle est d'une grande importance ; elle approuve tous les statuts dressés dans l'assemblée du 5 mars 1581 et fixe bien des droits qui ont été méconnus pendant longtemps. Comme elle est longue, je n'en donnerai qu'une analyse succincte :

Clément VIII, pape, à nos chers fils, les recteurs et administrateurs de l'église de Saint-Louis, de la nation Gallicane, salut et bénédiction en N. S. J. C.

Nous avons eu connaissance du désir formulé souvent par les personnages notables qui se réunissent pour l'administration des biens de la congrégation de Saint-Louis, de voir observer le statut qui prescrit de délibérer avec gravité et d'éviter toute clameur.

Persuadé que cela ne peut se faire qu'autant que ces assemblées ne seront composées que d'un nombre restreint d'hommes sérieux, choisis parmi les plus remarquables de la nation, nous approuvons ce qui a été statué dans la réunion du 5 mars 1581. Le nombre des administrateurs sera donc désormais de vingt-quatre : douze du royaume de France, six du duché de Lorraine et six du duché de Savoie, élus en assemblée générale.

Nous décrétons que ces députés pourront seuls prendre part aux assemblées et administrer les biens de la congrégation de Saint-Louis.

Nous chargeons notre chapelain, Séraphin Salzato, Auditeur des causes pour la Chambre Apostolique, de veiller à l'observation de ce décret, l'autorisant à recourir à tous les moyens de droit et de fait, et même aux censures ecclésiastiques, pour contraindre les rebelles à l'obéissance et cela nonobstant tout décret et constitution apostolique antérieure, et tout règlement de ladite congrégation dont l'observation aurait été promise, même avec serment.

Donné à Rome, auprès Saint-Pierre, sous l'anneau du Pêcheur, le jour 20 de décembre de l'année 1594, la 3e de notre pontificat.

Le Souverain-Pontife avait parlé, et par le ton comminatoire de la bulle, il avait clairement donné à entendre qu'il veillerait à l'exécution de ses volontés. Il n'y avait plus qu'à se taire et à se soumettre. C'est ce que l'on fit. Les choses en restèrent là, pendant à peu près vingt-sept ans, jusqu'à l'avènement de Grégoire XV, en 1521.

Mais, à cette époque, nous voyons surgir de nouvelles dissensions et de nouvelles réclamations, et celles-ci étaient mieux fondées, à mon avis.

Je dois noter ici, en passant, la fondation de l'église du Saint-Suaire, par les Savoyards et les Piémontais, en 1605 (¹). Ce fut la conséquence de

(1) La presente chiesa del Santissimo Sudario fu eretta da una compagnia de' Sovoiardi e Piemontesi nell'anno 1605.

(PANCIROLO, *Roma sacra.*)

tous ces démêlés à l'occasion de l'administration des biens de Saint-Louis. Quelques-uns de nos Savoyards comprirent que cet établissement leur échappait, et que l'alliance avec les Français finirait tôt ou tard par une rupture. Ils s'allièrent avec les Piémontais, et tous, de concert avec le duc de Savoie Charles-Emmanuel Ier, construisirent l'église du Saint-Suaire, dont je parlerai plus tard.

Comme nous l'avons vu, l'ambassadeur de France avait joué un certain rôle prépondérant dans les dernières assemblées de Saint-Louis. Soutenu par ses compatriotes, il s'immisça peu à peu dans l'administration, où il n'avait rien à faire et où il ne devait prendre place que comme tout personnage notable appartenant à l'une des trois nations. Les Oratoriens, admis depuis peu comme chapelains au nombre de six, leurs confrères de France qui désiraient s'emparer de l'église et de la maison de Saint-Louis qui étaient à leur convenance, lui fournirent occasion de s'y installer définitivement.

Ces religieux, disciples de saint Philippe de Néri, dans un rapport passablement et peut-être témérairement chargé, représentèrent au roi de France, Louis XIII, que la corruption des mœurs s'était glissée parmi les chapelains, que le temporel dépérissait prodigieusement par la négligence, l'incapacité et le peu de droiture des adminis-

56

traleurs, et que, si on n'y apportait un prompt
remède, tout serait bientôt perdu (¹).

Le pieux roi, touché de ces plaintes, heureux
d'apprendre qu'il avait à Rome une église qu'il ne
connaissait pas, enchanté de faire une bonne œuvre,
manda à son ambassadeur en cour de Rome qu'il
eût à demander au Saint-Père la réforme de Saint-
Louis.

L'ambassadeur saisit avec empressement l'occasion qui se présentait d'arriver à ses fins. Il se fit
l'écho de ces plaintes auprès du Pape, en disant
« que les intérêts de l'église de Saint-Louis, au
« point de vue temporel et même spirituel, étaient
« en grande souffrance ; que les chapelains, par
« l'incurie des supérieurs, ne s'acquittaient pas du
« service dont ils étaient chargés, et même tenaient
« une conduite peu séante pour leur état ; que le
« roi Louis, poussé par l'intérêt qu'il portait à cet
« établissement, suppliait le Saint-Père de réformer
« ces abus (²). »

(1) Besson, *Mémoires, ad calcem*, chapit. VI.

2) *Quod ecclesia Sancti Ludovici nationis gallicæ de Urbe,
in administratione tam temporalium quam spiritualium
multa patiebatur detrimenta ita ut capellani in ipsa ecclesia
ad divinum cultum celebrandum deputati, superiorum incuria,
nec ea quæ suo statui et officio conveniebant et pleraque eorum
ordini valde contraria, peragere solebant, et quod propterea
Ludovicus rex, pia devotione ductus, præfatam ecclesiam pro
suo erga illam devotionis affectu, ad meliorem statum restitui
et de super opportuno remedio per nos provideri summopere
desiderabat* (Archives de Saint-Louis).

Le pape Grégoire XV chargea le cardinal Ubaldini de faire une enquête à cet égard, avec mission de réformer, de changer, de faire en un mot, tout ce qu'il jugerait convenable pour le bien de la Congrégation.

Ce cardinal, arrivé depuis peu de sa nonciature de Paris, très attaché à la France, cherchant les occasions de faire plaisir au souverain et à l'ambassadeur, dressa de nouveaux statuts sans consulter les parties intéressées et fit de ce dernier un petit roi de Saint-Louis (¹). Il statuait que tous les chapelains seraient amovibles comme par le passé; que le prieur, le sous-prieur, le sacristain et le curé ne pourraient être nommés sans l'avis et le consentement de l'ambassadeur de France, résidant pour lors à Rome; qu'il en serait de même des administrateurs, et que, chaque année, les comptes et budgets seraient vérifiés et signés par ce personnage. Le Pape, peu au courant de la création de cet établissement, ignorant que cette mesure lésait les droits des Savoyards et des Lorrains, approuva tout ce qu'avait statué le cardinal Ubaldini, qui avait toute sa confiance.

C'en était fait de l'autonomie de la congrégation de Saint-Louis.

Nos nationaux murmurèrent et réclamèrent. Mais

(1) Besson, *Mémoires, ad calcem,* chap. VI.

ce fut en vain. Les statuts furent mis à exécution immédiatement.

Les Lorrains, chassés en quelque sorte de leur établissement, imitèrent les Savoyards et se firent une petite église nationale, celle de Saint-Nicolas-des-Lorrains (1), près du cirque Agonal. Ils demandèrent au pape Grégoire XV la petite chapelle de Sainte-Catherine, vierge et martyre, la démolirent et construisirent à la place, sur un bon plan, une belle église sous le vocable de Saint-Nicolas, en 1636. Les magnifiques pierres, qui ornent la façade, avaient formé autrefois les gradins du cirque Agonal, et furent trouvées dans les décombres.

Les Savoyards et les Lorrains se désintéressèrent peu à peu de Saint-Louis, reportant leur sollicitude, les premiers vers l'église du Saint-Suaire, les seconds vers celle de Saint-Nicolas. Cependant, nos droits restant les mêmes, nos chapelains continuèrent à s'y maintenir pendant quelque temps encore, non sans difficulté.

Un chapelain savoyard se prit un jour de querelle avec un de ses confrères français et se laissa aller à des expressions peu mesurées. La congrégation, toute française, fut saisie du fait, et ni plus

(1) La Chiesa di S. Nicolà era prima una picciola parocchia dedicata à S. Caterina ; la quale fù soppressa da Gregorio XV che la concesse alla nazione de' Lorenesi, nel 1636.

(Pancirolo, *Roma sacra.*)

ni moins, congédia l'irascible personnage. Ce chapelain eut l'air de se résigner à son sort, demanda un certificat de bonne vie et mœurs, comme pour se repatrier ; mais, au lieu de revenir dans son pays, il s'adressa à l'envoyé du duc de Savoie. Celui-ci, ayant examiné la chose, fit faire des représentations à la congrégation de Saint-Louis, et celle-ci le réintégra dans son emploi. Un fait à peu près semblable se passa à l'égard d'un autre de nos compatriotes (¹).

Un ecclésiastique lorrain, muni d'une lettre de recommandation de son souverain, se présenta pour occuper, à Saint-Louis, une des places afférentes à la Lorraine. Mais, à son arrivée à Rome, il la trouva occupée par un ecclésiastique français. Il fit des réclamations ; on lui promit de lui rendre justice. Mais, lassé de toutes les lenteurs qu'on apportait à cette affaire, il s'adressa à l'envoyé du duc de Lorraine, qui prit la chose en main, et peu de temps après la Congrégation le recevait comme chapelain (²).

Le sort des Savoyards et des Lorrains était le même, comme on le voit. Dieu me garde, de trop assombrir le tableau et de présenter les Français, nos frères d'aujourd'hui, comme des tyrans, les Savoyards et les Lorrains comme des victimes ;

---

(1) Besson, *Mémoires, ad calcem*, chap. V.

(2) Idem.

je suis même persuadé que nos compatriotes, à part les faits dont j'ai parlé plus haut, et qu'ils avaient peut-être provoqués par leur conduite irréfléchie, étaient traités à Saint-Louis, avec toute sorte d'égards, et avec cette urbanité qui est dans le caractère français. Mais les événements politiques produisent bien des conséquences et bien des changements, non-seulement sur la carte géographique, mais aussi dans les rapports sociaux. Chacun défend son pays; c'est de règle.

Or, nos ducs de Savoie, très changeants et surtout fins politiques, étaient tantôt amis, tantôt ennemis de la France, selon qu'ils voyaient leur intérêt à manifester tel ou tel sentiment. Les sujets recevaient le contre-coup de tous ces changements et en subissaient les conséquences dans leurs rapports sociaux avec leurs voisins, soit en Savoie, soit à Rome.

Un appui vint à manquer à nos nationaux à Saint-Louis; c'était les Lorrains. Louis XV avait épousé Marie Leckzinska, fille de Stanislas, roi de Pologne d'abord, puis duc de Lorraine par le traité de Vienne, en 1738. A la mort de ce prince, appelé le *Bienfaisant* à cause de sa grande bonté, ses Etats, la Lorraine et le duché de Bar, devaient passer à la couronne de France par droit d'héritage; ce qui eut lieu en 1766. Les Lorrains, dès le moment de ce mariage, se considérèrent comme Français et traités dès lors comme tous les nationaux, ils n'eurent plus aucun motif de n'être pas contents.

L'influence de la Savoie avait bien diminué à Saint-Louis, on s'en aperçoit. Cependant il restait un pas à faire, et le cardinal de Tencin, notre quasi-compatriote, représentant de la France auprès du Saint-Siège, eut le courage de le faire. Il refusa en 1741 à nos Savoyards la place qui était vacante, et fit congédier celui de nos compatriotes qui y était encore. Plus tard, dans une assemblée tenue en 1751, et présidée par son vicaire général, il fit supprimer les deux places qui restaient aux Savoyards, sous prétexte que les revenus de Saint-Louis ne suffisaient pas pour entretenir tant de chapelains (1).

C'était une iniquité; nos droits, pour être minimes, n'en étaient pas moins des droits, et resteront des droits.

Que sont devenues nos fondations d'Avignon (2) et

(1) Bessons. *Mémoires, ad calcem*, chap. IX.

(2) Le cardinal de Brogny avait fondé, le 23 juin 1424, dans son palais d'Avignon, un collège sous le nom *de Saint-Nicolas d'Annecy*. Il ordonna qu'on y entretint 24 étudiants, dont 8 de Genève et d'Annecy, 8 des autres diocèses de la Savoie, et 8 des diocèses d'Arles et de Vienne.

En 1776, les revenus de cette fondation s'élevaient à 33,151 livres.

de Louvain ('), destinées à former les jeunes Savoyards à l'étude de la jurisprudence et de la théologie ? Les guerres, les révolutions, la faiblesse et l'incurie de nos gouvernants les ont laissé prescrire, et aujourd'hui on n'en trouve plus de trace que dans les documents archéologiques.

Notre fondation de Saint-Louis a eu le même sort.

Depuis cette époque, un siècle s'est écoulé et bien des événements se sont accomplis sur la surface du globe. La grande Révolution française a fait oublier bien des choses et détruit beaucoup de documents. Quelques-uns lui ont survécu, et c'est grâce à ceux-là que nous pouvons revenir sur le passé et rendre à chacun ses droits.

La grosse part attire à soi la plus petite ; *major pars trahit ad se minorem.* La France s'est arrondie peu à peu ; après tant et tant d'autres provinces, elle acquit la Bretagne ; après la Bretagne, la Lorraine ; après la Lorraine, la Savoie ; et c'est ainsi que des provinces, autrefois divisées,

(1) Eustache Chappuis, d'Annecy, chanoine, secrétaire de Charles-Quint, fonda le *Collège de Savoie*, à Louvain, pour que ses compatriotes pussent étudier la théologie à cette célèbre Université, et ensuite venir défendre les principes de l'Eglise catholique contre les protestants. En 1781, il y avait encore 8 boursiers.

se sont unies et se reconnaissent comme appartenant à la même famille.

L'Annexion a restitué à la Savoie ses droits sur Saint-Louis, et aujourd'hui les ecclésiastiques savoyards y sont traités comme des frères et des amis.

VI

Les églises sont très nombreuses à Rome ; il y en a autant que de jours dans l'année; trois cent soixante-cinq. Un très grand nombre appartiennent à des congrégations religieuses, ou bien sont des églises nationales. Presque toutes celles-ci sont de la fin du moyen âge et ont eu la même origine que Saint-Louis : les pèlerinages dont je vous ai parlé plus haut.

Je ne voudrais cependant pas être trop exclusif, et tout attribuer uniquement aux pèlerinages. Il est une autre pensée qui a dû porter bon nombre de donateurs à vouloir construire un sanctuaire à Rome, la mère et la maîtresse des églises ; c'est de protester de leur union au Saint-Siège et de leur soumission à son divin magistère ; car cette époque était affreusement troublée. Le protestantisme affirmait hautement son indépendance, et cherchait à rompre tous les liens qui rattachaient nos populations si religieuses au représentant de J.-C. sur la terre. Dans semblable occurence, c'est-à-dire pour les seuls besoins des pèlerins, eût-on fait pour Paris, pour Londres ou Vienne ce que l'on a fait pour Rome ?

Je ne le pense pas ; je suis même persuadé du contraire.

Car, il ne faut pas se le dissimuler, les églises nationales de Rome ont été construites en partie par l'argent de nos nationaux résidants dans cette ville, en partie par celui des pèlerins riches, et en partie par les quêtes qui se faisaient dans chaque nation intéressée. Il y avait, en tout cela, une pensée de charité ; mais aussi une pensée de foi et d'union avec le Siège auguste de Pierre, d'où nous viennent la lumière et le progrès, quoi qu'on en dise.

Toutes les nations catholiques se firent, à cette époque, représenter à Rome par un sanctuaire qui protesterait et parlerait pour elles : c'est Saint-Jacques pour les Espagnols, Saint-André pour les Ecossais, Saint-Antoine pour les Portugais, Saint-Jérôme pour les Esclavons, Saint-Julien pour les Flamands,

Saint-Étienne pour les Hongrois, le Saint-Suaire pour les Piémontais et les Savoyards, Saint-Jean pour les Florentins, Saint-Jean-Baptiste pour les Génois, Saint-Charles pour les Lombards, Saint-Barthélemy pour les Bergamesques, le Saint-Esprit pour les Napolitains, Saint-Étienne pour les Indiens, et d'autres et d'autres que je suis obligé de passer sous silence.

Toutes ces églises existent encore aujourd'hui ; mais elles sont, pour la plupart, bien désertes et bien délaissées. Est-ce que notre foi vaut celle de nos pères ? On pourrait en douter. L'Allemagne, la Suisse, si travaillées par le protestantisme, brillent par leur absence.

Quant à la France, elle était noblement représentée dans ce concert européen. Elle avait, et elle a encore, à l'heure présente, sept églises nationales dans la ville de Saint-Pierre : *Saint-Louis*, la principale ; *Saint-Claude*, des Bourguignons (¹), bâtie en 1690 ; *Saint-Denis-l'Aréopagite*, bâtie en 1629, par des Français appartenant à l'ordre de la S. S. Trinité-du-Rachat ; *Saint-Ives*, des Bretons, qui était une ancienne église paroissiale, cédée à cette nation par Calliste III, au milieu du quinzième

---

(1) Cette église est desservie aujourd'hui par des prêtres polonais dont quelques-uns, à l'instar de Saint-Louis, sont à demeure fixe et les autres n'y séjournent que le temps nécessaire pour leurs études.

siècle ; *Saint-Nicolas*, des Lorrains (¹), bâtie en 1636 ; la chapelle de la *Purification* ou des *Quatre-Nations*, réparée en 1544, époque à laquelle elle fut cédée aux Français; la *Trinité-du-Mont* (²), bâtie par Charles VIII, roi de France, à la prière d'Innocent XIII, en 1595. Cette église fut placée par Sixte V parmi les titres des cardinaux-prêtres.

Toutes ces églises, à part la Trinité-du-Mont, sont soumises à l'administration de Saint-Louis, qui pourvoit à leur entretien.

L'église de Saint-Louis est la mère, les autres sont les filles. Aussi, pour marquer leur dépendance, une fois par année, les chapelains de la première y sont transportés solennellement aux frais de l'administration, pour y officier en grande pompe.

Chaque peuple s'attachait à son église nationale. La mère-patrie lui envoyait le produit de ses quêtes ; les nationaux résidants à Rome lui faisaient des legs et des dons. C'était pour eux une petite patrie, un centre qui groupait autour de lui toutes

---

(1) Saint-Nicolas est desservie par les Pères Trappistes ; la maison est habitée par leur *Procureur* auprès de la cour pontificale.

(2) Fu questa chiesa edificata dal cristianissimo re di Francia Carlo VIII ad instanza di detto Santo Padre ; indi nell'anno 1595, alli 9 del mese di luglio fù consecrata e da Sisto V posta tra i titoli di cardinali preti.   (PANCIROLO, *Roma sacra*.)

les individualités disséminées dans la grande ville. C'était un lieu de réunion où l'on parlait du pays absent. Aussi, souvent on faisait les plus grands sacrifices pour l'embellir et rivaliser avec les voisins.

L'église de Saint-Louis surtout fut l'objet de ces prédilections. On arriva peu à peu, à mesure que les dons se multipliaient, à faire d'elle un magnifique sanctuaire orné des marbres les plus riches, et décoré par les chefs-d'œuvres des plus grands peintres.

Nous y voyons passer successivement tout ce que Rome, la ville des beaux-arts, avait de plus remarquable en fait d'artistes. C'est le Dominicain qui est invité à décorer la chapelle de Sainte-Cécile, et son pinceau s'est immortalisé en gravant sur les murs la vie et la mort de cette illustre patricienne. C'est Guido Reni qui peint l'autel. C'est Jacques-del-Ponte, Jérôme Sermonetta, Pellegrino, de Bologne, qui décorent la chapelle Saint-Rémy. C'est Bassano qui fait le tableau du maître-autel représentant l'Assomption. C'est Michel-Ange-Caravagge qui fait les peintures de la chapelle de Saint-Mathieu, aux frais du cardinal Mathieu Cointrel, dataire de Grégoire XIII, un des grands bienfaiteurs de Saint-Louis. C'est le chevalier d'Arpin, c'est Natoire qui exécutent les fresques de la voûte de l'église. J'en passe bon nombre d'autres moins remarquables.

Dès 1600, le nombre des pèlerins étrangers à l'Italie tend à diminuer. Le grand mouvement qui, pendant plusieurs siècles, avait poussé nos populations vers l'Orient s'affaiblit peu à peu, et nous le voyons disparaître complètement à la grande Révolution française. On peut attribuer ce changement à plusieurs causes.

L'union avec Rome fait la force et la vie ; la séparation d'avec Rome tarit la source des grâces. Le protestantisme, cette hérésie sortie du cerveau d'un moine orgueilleux et apostat, l'avait compris ; aussi travailla-t-il de toutes ses forces à rompre l'unité catholique. Tout fut employé : le mensonge, la calomnie, la falsification de l'histoire, l'exaltation de la raison et de la liberté humaine et tous les désordres qui s'ensuivent nécessairement. Tout cela ne réussit que trop bien Quantité d'âmes se laissèrent prendre à l'hameçon et se lancèrent dans cette voie d'iniquité. La division, semée chez nos voisins, s'y perpétua et suscita les guerres de religion. Il en résulta nécessairement un arrêt dans les relations avec Rome.

La ruine de la féodalité, commencée depuis longtemps, était à peu près consommée à cette époque. Les terres, divisées et rachetées par les prolétaires, fixèrent les hommes au sol qu'ils cultivaient et qu'ils arrosaient de leurs sueurs. Rien n'attache comme ce qui nous coûte de la peine. La terre est une bonne mère nourricière ; mais elle exige en retour des soins nombreux et incessants, et elle fait volontiers des esclaves.

On conçoit que les hommes perdaient peu à peu le goût des aventures lointaines, lorsque la culture de leurs terres nécessitait leur présence ; on comprend que le désir de les arrondir les éloignait des dépenses plus ou moins nécessaires pour ces longs voyages.

D'ailleurs, les Papes avaient eux-mêmes multiplié les grâces du jubilé. Sixte IV étendit cette faveur sur plusieurs provinces d'où il était très-difficile de se rendre à Rome pour les obtenir. Il permit même aux pèlerins d'au delà des monts de s'arrêter à Bologne, et d'y faire leurs stations, prières et autres dévotions pour la même fin (¹).

Boniface IX accorda des jubilés, en divers endroits, à des princes, à des monastères, aux moines de Cantorbéry, par exemple, pour tous les cinquante ans. Quantité de villes et d'églises obtinrent les mêmes privilèges (²). Il n'était donc plus nécessaire d'entreprendre des voyages de deux ou trois mois, pour aller chercher bien loin ce que l'on pouvait trouver facilement auprès de soi. On

(1) Sommier, *hist. dogmat. du Saint-Siège.*

(2) Rorhbacher, *histoire universelle de l'Eglise.*

comprend que toutes ces causes durent diminuer sensiblement les pèlerinages à Rome.

Les dons étaient arrivés de tous les côtés à Saint-Louis. L'administration se sentait riche, et n'ayant que peu de pèlerins à entretenir, elle porta sa sollicitude d'un autre côté. Quantité de jeunes filles françaises ou nées de parents français, savoyards et lorrains établis à Rome, se perdaient parce qu'elles ne trouvaient pas à se marier, faute de dot. L'administration de Saint-Louis, désireuse de remplir les intentions des fondateurs pour le bien, ne trouva pas de meilleur moyen, pour correspondre à cette généreuse pensée, que d'établir des dots pour ces jeunes filles. Elle statua que l'on distribuerait, chaque année, 32 dots de quarante écus chacune. Ce serait peu pour notre époque; mais au dix-septième siècle, c'était une somme. Elle distribuait et distribue encore aujourd'hui 8 dots à la fête de Saint-Guillaume, et 24 dans l'octave de Saint-Louis, dont 12 pour les Françaises, 6 pour les Lorraines et 6 pour les Savoyardes (1).

Les bâtiments de Saint-Louis, affectés aux pèlerins, étant vides une grande partie de l'année,

(1) Distribuice ancora detta compagnia molte doti a povere zitelle nazionali, cioè otto di scudi 40 l'una, per la festa di S. Guglielmo e ventiquattro di simil somma nella domenica frà l'ottava di S. Luigi a dodici Francesi, sei Lorenesi e sei Savoiardi.

(PANCIROLO, *Roma sacra.*)

on chercha à les utiliser en les louant, sans toutefois porter préjudice aux fondations, ni déroger à l'intention des fondateurs. L'administration s'entendit avec l'hospice de la Sainte-Trinité-des-Pèlerins, ouvert toute l'année pour les Italiens, et convint de payer un tant par jour, pour chaque pèlerin qu'on lui enverrait. C'est là que sont reçus ceux qui, bien rares de nos jours, viennent en pèlerinage aux tombeaux des Saints Apôtres.

Je me rappelle en avoir vu arriver, en 1868, deux des environs de Montpellier, voyageant à pied, avec le costume traditionnel, c'est-à-dire avec la pèlerine ornée de coquilles, le chapeau à larges bords, la panetière d'un côté, un petit sac en toile de l'autre, des espèces de guêtres pour chaussures. Au courant, sans doute, de ce qui se passait autrefois, ils vinrent directement demander asile à Saint-Louis. Je fus chargé de les conduire à l'hospice de la Sainte-Trinité-des-Pèlerins, où ils furent pendant huit jours hébergés aux frais de l'administration de Saint-Louis. A leur départ, on leur donna, comme cela se faisait autrefois, quelques menues monnaies pour continuer leur voyage. Ils me racontèrent qu'ils avaient mis vingt-cinq jours pour arriver à Rome, visitant les sanctuaires et couchant souvent à la belle étoile. Mais, sous le ciel clément de l'Italie, cela peut se faire impunément.

Les malades nationaux sont envoyés dans les

hôpitaux, si nombreux dans cette ville, et où l'administration a fondé beaucoup de lits. De sorte que, dans tous les vastes bâtiments formant l'*Isola de' Francesi*, il n'y a plus ni hospice, ni hôpital aujourd'hui.

On le voit, Saint-Louis se transforme peu à peu et n'a plus sa destination première : il suit les besoins de l'époque. Une autre modification importante, c'est qu'il a cessé d'être paroisse en 1840.

Il est facile de se rendre compte de l'opportunité de cette modification. Une paroisse sans paroissiens est une anomalie ; or, tel était le cas de Saint-Louis. Les Français étaient peu nombreux à Rome, à cette époque. Disséminés dans cette grande ville, bon nombre avait la paresse de faire deux ou trois kilomètres pour se rendre à l'église nationale, et allaient au plus près.

Les Romains, de leur côté, préféraient leurs églises ; là, ils entendaient leur langage et se trouvaient chez eux. Les douze chapelains n'avaient donc qu'à demeurer les bras croisés.

Monseigneur de Bonnechose, plus tard cardinal-archevêque de Rouen, qui avait préféré la soutane du prêtre à la toge du magistrat, et était devenu supérieur de Saint-Louis, se demandait s'il n'y aurait pas moyen de tirer meilleur parti de cet établissement. Tout en maintenant les douze chapellenies, à peu près nécessaires pour l'acquit des fondations, ne pourrait-on pas en faire une maison d'études, ou tout au moins favoriser le séjour, à Rome, de jeunes prêtres français, qui viendraient puiser à la source des pures doctrines romaines?

Il fit part de son projet au Souverain-Pontife et à l'ambassadeur français, qui l'approuvèrent. Il fut donc décrété que Saint-Louis cesserait d'être paroisse ; que l'on maintiendrait les douze chapelains ; que trois seraient à demeure fixe, quoique amovibles : le supérieur, le sacristain et l'économe ; que les neuf autres seraient, sur la demande de leur évêque, nommés pour trois ans, renouvelables trois par trois, chaque année. C'est ce qui se pratique encore aujourd'hui, et c'est l'ambassadeur auprès du Saint-Siège qui fait ces nominations.

Les demandes sont toujours nombreuses, cela se conçoit. Pouvoir rester trois ans à Rome sans avoir le souci des choses matérielles, être logé et nourri, jouir en même temps de la société agréable de quelques confrères venus de tous les points de la France, être libre de se livrer à ses études favorites ; c'est digne d'envie assurément.

Le règlement n'impose aucun genre d'étude particulier. C'est une question que chaque chapelain traite avec son évêque. Mais il faut travailler, et, au commencement de l'année, le supérieur transmet à l'ambassade une liste indiquant les cours

que chacun se propose de suivre. Le règlement
est large et favorise les études. Lever à cinq heures
et demie, méditation d'une demi-heure, assistance
aux services de fondation que les chapelains célé-
brent à tour de rôle, la messe, et ensuite la liberté
pour aller butiner, qui d'un côté, qui d'un autre, la
théologie, le droit canonique, l'écriture sainte, l'hé-
breu, le grec, l'anglais, l'allemand et l'archéologie.

A midi, et le soir, chacun rentre avec son butin,
avec son stock d'observations personnelles qui
alimentent les conversations pendant les heures des
repas et des récréations. Tout cela, raconté avec
l'accent particulier de chaque province, avec ce
je ne sais quoi qui sent le terroir, porte un
cachet d'originalité intéressant. C'est une petite
France en miniature. Et l'on s'instruit sans s'en
apercevoir, pour ainsi dire.

En 1868, le directeur était Monseigneur Level,
protonotaire apostolique, ami d'Alphonse Ratis-
bonne et juif converti comme lui. Le sacristain
était Monsieur Crévoulin, chanoine d'Avignon;
il était spécialement chargé de la chapelle du
Saint-Sauveur *in thermis* où sa tendre piété
attirait le monde en foule, tous les soirs. L'économe était M. Michau, chanoine honoraire d'Albi.
Les chapelains représentaient les diocèses de
Rennes, de Beauvais, d'Albi, de Montpellier, de
Cahors, de Moulins, de Lyon et de Chambéry.

C'est une belle institution que celle de Saint-Louis. Espérons que l'on saura maintenir ce qui a été si sagement établi par l'éminent cardinal de Bonnechose.

Il y a 4 ans, Monseigneur Lavigerie faillit changer, lui aussi, la destination de Saint-Louis. Il désirait en faire une succursale de son séminaire d'Alger. Il fit toutes les démarches possibles auprès du Saint-Père, auprès du gouvernement français ; il mit toute son ardeur, toute son activité (et Dieu sait si elle est grande), pour obtenir la faveur d'en faire un séminaire colonial. Il a échoué ; c'est très heureux. Chacun sait qu'à l'heure présente, comme toujours d'ailleurs, il y a d'autres intérêts que ceux des colonies.

S'il lui faut de l'argent, pour continuer les œuvres admirables qu'il a créées en Afrique, il le trouvera ; la France religieuse et chrétienne ne lui marchandera pas son concours. Saint-Louis, fondation de nos pères, a son cachet et son but spécial ; il faut le lui maintenir.

PIÈCES JUSTIFICATIVES

I

Je dois dire, pour les amateurs et pour ceux qui aiment à approfondir les choses, que j'ai trouvé beaucoup de documents, concernant nos églises nationales, dans un ouvrage édité à Rome, en 1725, l'année du jubilé, par Mainardi, imprimeur, place *Monte-Citorio*.

Cet ouvrage a pour titre : *Roma sacra, antica e moderna, da Giovanni Francesco Cecconi, canonico delle chiese di S. Marco e di S. Teodoro, dedicata all'E^mo card. Giuseppe Renato Imperiali.*

Mais cet ouvrage n'est qu'une nouvelle édition revue et augmentée de celui de *Francesco Posterla*, sur le même sujet ; celui-ci, à son tour, n'est que la reproduction augmentée de celui de *Pancirolo*. Toutes ces éditions succes-

sives, comme on le voit, nous reportent bien en arrière.
Et ce Pancirolo ne serait-il pas le même que Guy Pancirolo ou Panciroli, professeur de droit à Pavie, mort en
1599? J'aime à le croire, mais je ne puis l'affirmer. En
tout cas, son ouvrage semble faire autorité pour tous ceux
qui se sont occupés du même sujet, après lui. Le style et
les détails qu'il donne porteraient à croire que cet ouvrage
est de peu postérieur à l'édification du nouveau Saint-
Louis.

Voici ce qu'il dit de cet établissement :

« In faccia del palazzo Patrizi, si vede la chiesa di
« S' Luigi de' Francesi, edificata dove già fu quella di
« Sta Maria ed un priorato de' PP. Benedettini spettante
« all'abbazzia di Farfa unito con l'altra chiesa del SS.
« Salvatore, e con l'ospedale di S. Giacomo detto delle
« Terme, ovvero de' Lombardi.

« Nell'anno 1478 adunque, la nazione francese fece una
« permuta delle dette chiese con quella che possedeva
« nella *contrada della Valle*, approvato il tutto dal pon-
« tefice Sisto IV. Contribui alla fabbrica di questo tempio
« Caterina de' Medici, reina di Francia; fu consecrato
« alli 8 d'ottobre del 1599, nobilitato poi con la fabbrica
« del coro et della cappella di S. Matteo, ed arrichito di
« copiose rendite dal cardinal Matteo Cointrel, francese
« Datario del pontifice Gregorio XIII.

« Viene officiata questa chiesa da ventisei cappellani,
« i quali hanno le loro abitazioni contigue essendovi
« compresi due Lorenesi, due Savoiardi et sei preti dell'
« Oratorio di Francia, i quali nell'anno 1623 vi furono
« introdotti da Monsig. Spondé, vescovo di Pamiers.

« Fù aperto poi dalla medesima nazione, nell'anno
« 1480 un ospedale per i poveri pellegrini Francesi, Lo-
« renesi e Savoiardi, che ivi si trattengono tre giorni e
« tre notti, dandosi a ciascuno qualche elemosina, ed a i
« secerdoti cinque giuli per ogn'uno. E governato questo
« luogo da una confraternità di 24 persone nazionali.
« Distribuisc ancora detta compagnia molte doti a povere
« zitelle nazionali, cioè 8 di scudi 40 l'una, per la festa
« di S. Gugliemo e 24 di simil somma, nella domenica
« frà l'ottava di S. Luigi, a dodici Francesi, sei Lorenesi
« e sei Savoiardi. »

II

Sixtus papa IV..... creditam nobis de super gerendæ
militantis Ecclesiæ providentiam, hinc salubriter exequi
credimus, si Romanam Curiam sequentium personarum
nobis et Apostolicæ Sedi devotarum, ad divini cultûs
augmentum, et opera misericordiæ et charitatis pera-
genda cogitatus suos dirigentium, juxta desideria beni-
gno favore prosequamur, et iis quæ pro ampliatione lo-
corum, et personarum miserabilium receptione, providè
gesta sunt, ut firma et illibata consistant, cum nobis

expedire conspicimus, libenter adjiciamus Apostolici roboris firmitatem. Sanè sicut accepimus, universi nationis Gallicanæ curiales Romanam curiam sequentes, maturè considerantes quod Capella et Hospitale sub invocatione Sti. Ludovici de Urbe, pro pauperum infirmorum, et miserabilium personarum, ac etiam pro consolatione eorumdem Curialium constructa, in arcto et augusto ac inepto loco sita erant, et quod proptereà ad ampliandam Capellam, et Hospitale ejusmodi ipsorum Curialium, Christi fidelium voluntas et devotio tepescebant, et plurimùm retrahebantur; Capellam et Hospitale ejusmodi cum omnibus suis domibus et aliis bonis immobilibus, et dilecti filii Prioris et Conventûs B. Mariæ... Ordinis Sti. Benedicti nullius Diœces. dilecti filii Cosmi...... .....

. . . .

(Partie inédite.)

Nonobstantibus privilegiis ac litteris etiam Apostolicis, ut ab aliquibus asseritur, illis de Sancto Antonio et præsertim prioratui ejusdem Antonii almæ urbis ordinis canonicorum S. Augustini circa curam Romanam curiam sequentium exercendam, eatenùs concessis, quibus quoad hoc specialiter et expressè derogamus, nec non felicis recordationis Bonifacii Papæ VIII prœdecessoris nostri, ac priori nostræ voluntati, et aliis Apostolicis constitutionibus et ordinationibus ac dicti monasterii Farfensis statutis et consuetudinibus et ordinis S. Benedicti prædictorum etiam juramento, confirmatione Apostolica vel quacumque firmitate aliàs roboratis, contrariis quibuscumque. Aut si aliqui super provisionibus sibi faciendis, de hujusmodi vel aliis beneficiis ecclesiasticis speciales vel generales dictæ sedis vel ejus legatorum ejus litteras impetrarint, etiamsi per eas ad inhibitionem, reservationem et decretum, vel alias quomodolibet sit processum, quas quidem litteras et processus habitas per easdem et indè secuta quæcumque ad capellanias et S. Andreæ ac S. Benedicti ecclesias volumus non extendi, sed nullum per hoc eis quoad associationem beneficiorum aliorum præjudicium generari, et quibuslibet aliis privilegiis, indulgentiis et litteris Apostolicis specialibus vel generalabus quorumcumque tenor existant, per quæ præsentibus non expressa vel totaliter non inserta effectus earum impediri valeat quomodolibet, vel differri et de quibus quorumque tenoribus habenda sit in nostris litteris mentio specialis. Volumus autem quod propter unionem, annexionem et incorporationem hujusmodi capellaniæ et ecclesiæ unitæ hujusmodi debitis propterea non fraudenter obsequiis, sed erectæ per vicarios seu Capellanos prædictos animarum cura exerceatur ad dictarum capellaniarum unitarum congruè supportantur onera consueta, et illis desserviatur laudabiliter in divinis. Quodque præsentiarum litterarum etiam de earum singulis inibi concessionibus, statutis, et indultis ad partem transumptis manu alicujus Notarii publici subscriptis, et alicujus Curiæ ecclesiasticæ urbis prædictæ sigillo nunitis in judicio et extra, ubicumque illa producta et ostensa fuerint fides omnimoda adhibeatur, et prosùs in omnibus et per omnia illis stetur, ac si præsentes originales exhiberentur, ac etiam ex nunc irritum et inane, si secùs super his a quocumque quavis auctoritate, scienter vel ignoranter contigerit attentare.

Nulli ergo omnino hominum liceat hanc paginam nostræ dissolutionis, suppressionis, extint'onis, institutionis, erectionis, annexionis, incorporationis, statuti, derogationis et voluntatis infringere vel ei ausu temerario contraire. Si quis autem hoc attentare præsumpserit indignationem omnipotensis Dei ac Beatorum Petri et Pauli Apostolorum ejus se noverit incursurum.

Datum Romæ apud S. Petrum, anno incarnationis Dominicæ, millesimo quadringentesimo octavo, quarto nonas aprilis, Pontificatus nostri anno septimo.

Gratis de mandato D. N. P. P. N. de Gottifredis. L. Grifus.

Locus plumbi.   S. de Spada.

III

Clemens Papa VIII. Dilectis filiis Rectoribus et Officialibus Ecclesiæ S. Ludovici Nationis Gallicanæ de Urbe, salutem et Apostolicam Benedictionem. Dilecti filii, eximia fides et sinceræ devotionis affectus quam ad nos et Romanam Ecclesiam gerere comprobamini, promerentur ut ad ecclesiæ Sti. Ludovici Nationis Gallicanæ de Urbe, vestræque, sollicitudinis nostræ partem extendamus. Sanè nobis nuper innotuit quod cum multoties inter præcipuos et magis notabiles viros prædictæ Nationis in Urbe commorantes, et in Congregationibus pro illius Ecclesiæ et Hospitalis negotiis pertractandis convenire solitos, actum sæpiùs fuisse de observando Statuto illo, aliàs in dictâ Congregatione facto, scilicet de conveniendo cum gravitate et sine clamoribus, ut tranquilliùs, et maturiùs ad honorem Dei et utilitatem dictæ Ecclesiæ negotia tractarentur in hujusmodi Congregationibus, istud autem de facili servari non posse satis comprobaretur, nisi certus statueretur numerus ex gravioribus et notabilioribus viris dictæ Nationis, qui soli hujusmodi Congregationibus intervenirent et vocem decisivam haberent. Proptereà anno 1581, die quinta Martii solemnis habita fuit Congregatio ejusdem Nationis in loco consueto, præsentibus Oratore Regio, atque aliis gravioribus, et primariæ notæ viris dictæ Nationis, in quâ decretum et statutum fuerat nominandos viginti quatuor ex gravioribus intelligentibus, et spectatæ probitatis et fidei viros, qui soli deinceps hujusmodi Congregationibus intervenirent et vocem decisivam haberent, et decernerent de omnibus quæ pertinent ad administrationem Ecclesiæ et Hospitalis prædictorum : videlicet duodecim de Regno Galliæ, sex de Ducatu Lotaringiæ, et sex de Ducatu Sabaudiæ. Quod quidem decretum et statutum fuerat executioni demandatum, et posteà variis Congregationibus confirmatum, licet forsan in Curiâ Rectorum qui fuerunt, aut alia de causa, alioqui non ex dicto numero, ordine et qualitate, ut profertur, se se in dictæ

Congregationis ingesserint; sed ne propter decreti hujusmodi inobservantiam, eadem quæ ante ipsorum editio-
nem incommoda, in præjudicium Ecclesiæ et Hospitalis
hujusmodi oriantur. Nos in præmissis opportunè providere
volentes, decreta prædicta auctoritate Apostolicâ confir-
mantes et approbantes, illisque perpetuæ et inviolabilis
firmitatis robur adjicientes, dilecto filio magistro Sera-
phino Sazalto Capellano nostro, et causarum Palatii nostri Apostolico Auditori, per præsentes committimus et
mandamus, quatenùs vobis in præmissis de opportunæ
defensionis præsidio assistere, vos confirmatione, appro-
batione et roboris adjectione, aliisque præmissis
pacificè frui et gaudere faciat et permittat, et quatenùs decreta ipsa hactenùs observata non fuerint;
illa in pristinum statum, adhibito ejusdem nationis Præ-
latorum, si qui in Urbe sint, consilio, sin autem per se
ipsum restituat et reponat, atque inviolabiliter observari
faciat; ita ut Congregatio hujusmodi deinceps definito et
determinato numero viginti quatuor personarum vocem
decisivam, ut præfertur, habentium, aut per eumdem Se-
raphinum hac vice de eodem consilio et in eâdem Congregatione eligendarum et nominatarum constet, nec
alius posteà nisi in mortui aut notoriè absentis locum, et
cum consensu saltem duæ tertiæ partis hujusmodi viginti quatuor personarum sufficiatur. Contradictores
quoslibet et rebelles per sententias, censuras, Ecclesiasti-
casque pœnas, et alia opportuna juris et facti remedia :
oppositione postpositâ, compescendo, non obstantibus præmissis, ac Constitutionibus et Ordinationibus Apostolicis,
necnon Ecclesiæ et Hospitalis prædictorum etiam juramento, confirmatione Apostolicâ, vel quâvis firmitate

aliâ roboris, Statutis et consuetudinibus quibuscunque, cæterisque contrariis. Datum Romæ apud S. Petrum sub annulo Piscatoris die 20. Decembris an. miles. quingentes. nonages. quarti, Pontificatûs nostri anno tertio.

IV

Leo Papa X. motu proprio. Cum sicut nobis innotuit dilecti filii universitatis Curialium nationis et linguæ gallicanæ Romanam curiam sequentium, piè ducti, Ecclesiam B. Mariæ et SS. Dionisii et Ludovici in thermis Lombardorum de Urbe vetustam, arctam et ad receptionem populi pro divinis audiendis.... minùs capacem, ampliare ac à fundamentis de novo construere et ædificare pro decentiori divinorum celebratione et eorum spirituali consolatione intendant; et pro illâ debitè construenda, certa pars plateæ seu loci ante majorem portam ipsius Ecclesiæ consistentis, quantùm domus vicinæ se extendunt duntaxat, per Magistros stratarum dictæ Urbis, eis designata fuerit; Nos eisdem Curialibus, ut qui etiam levato obstaculo, constructioni Ecclesiæ hujusmodi liberiùs intendere ut illam ad debitum complementum perducere possint, favorabiles et propitios nos exhibere vo-

lentes, locum seu partem platæ seu loci eis per dictos
Magistros designati, quatenùs ad cameram Apostolicam
pertineat ab illà camerà abducentes et separantes, illum
seu illam cum omnibus lapidibus etiam marmoreis, in et
sub terrà ipsius loci totius dictæ plateæ pro tempore repe-
riendis, Ecclesiæ prædictæ donamus et concedimus, ac rectoribus, Camerariis, Procuratoribus dictæ Ecclesiæ ac illius
Hospitalis, nunc et pro tempore existentibus, de dicto loco
ad constructionem Ecclesiæ prout opportunum fuerit depo-
sitioni fundamentaque inibi juxtà designationem Magis-
trorum stratarum Urbis fieri facienda, nec non lapides et
alia quæcunque inibi pro tempore reperienda in fabricam
et usum ipsius Ecclesiæ convertenda cujusvis licentiâ super hoc minimè requisità facultatem concedimus, et eos
de super per quoscumque quàvis auctoritate fungentes
molestari seu inquietari non posse decernimus. Non obstantibus constitutionibus et ordinationibus Apostolicis et
Urbis cameræ prædictarum, juramento statutis consuetudinibus cæterisque contrariis quibuscumque. Cum clau-
sulis opportunis fiat motu proprio et cum absolutione fiat.
Dat. Romæ, apud S. Petrum prid. id. Augusti anno sexto.

TABLE

IV

V

VI

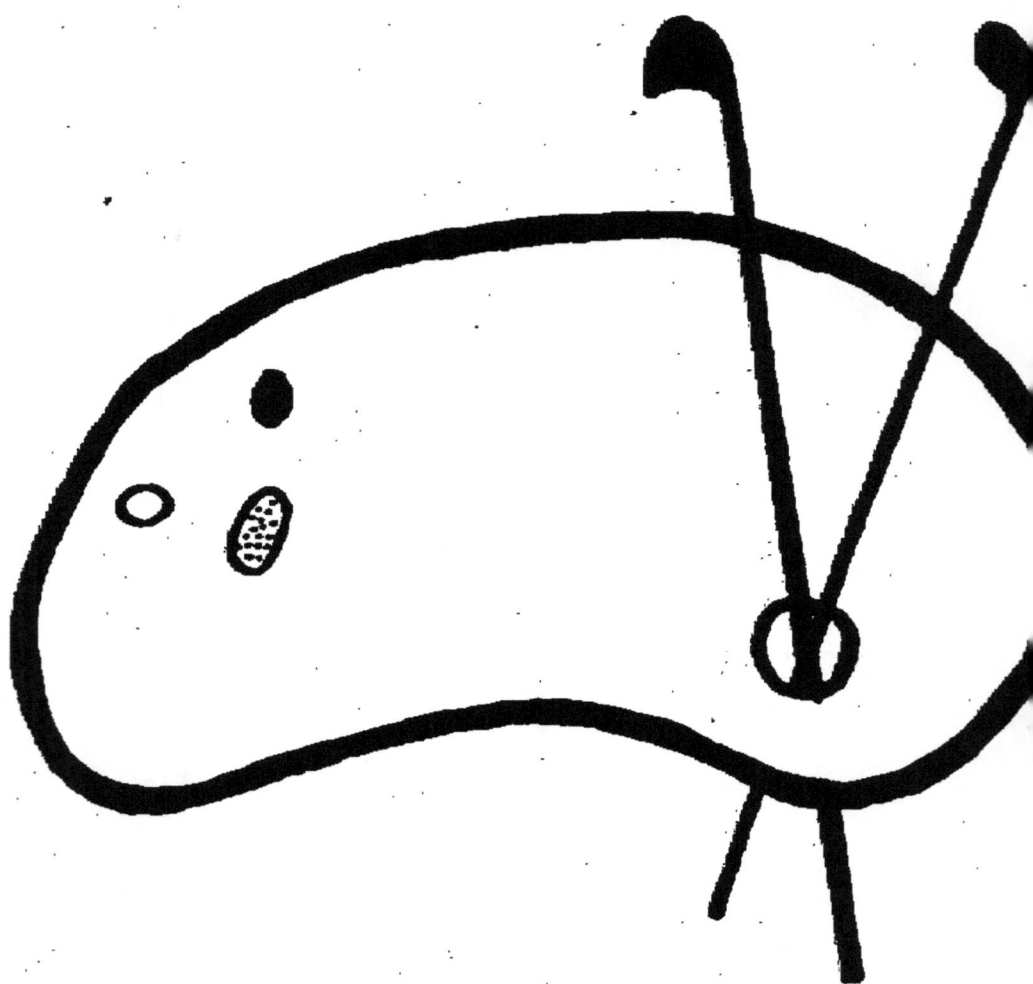